Switzerland

瑞士史

民主與族群政治的典範

張維邦　著

三民書局

國家圖書館出版品預行編目資料

瑞士史:民主與族群政治的典範／張維邦著.－－初版
三刷.－－臺北市:三民,2018
　　面;　　公分.－－(國別史叢書)
參考書目:面
ISBN 978-957-14-4547-2　(平裝)

1.瑞士－歷史

744.81　　　　　　　　　　　　　　　95019092

　　ⓒ　瑞士史
　　　　——民主與族群政治的典範

著 作 人	張維邦
責任編輯	吳尚玟
美術設計	李唯綸
發 行 人	劉振強
著作財產權人	三民書局股份有限公司
發 行 所	三民書局股份有限公司
	地址　臺北市復興北路386號
	電話　(02)25006600
	郵撥帳號　0009998-5
門 市 部	(復北店)臺北市復興北路386號
	(重南店)臺北市重慶南路一段61號
出版日期	初版一刷　2006年11月
	初版三刷　2018年1月
編　　號	S740530

行政院新聞局登記證局版臺業字第○二○○號

有著作權‧不准侵害

ISBN　978-957-14-4547-2　　(平裝)

http://www.sanmin.com.tw　三民網路書店
※本書如有缺頁、破損或裝訂錯誤,請寄回本公司更換。

代　序

　　瑞士聯邦 (Swiss Confederation) 雖然國土面積只有四萬一千餘平方公里，全國人口也只有七百五十萬人，屬中歐內陸中小型國家。但這個有「世界公園」美名的山國，卻擁有諸多傲視全球的優越表現，舉凡國民年平均所得排名世界第一位；國家競爭力名列世界前茅；實行直接民主，每年 3 月和 9 月的春、秋季得舉行各種議題的創制或複決的公民投票，堪稱世界上最民主的國家，實至名歸。另外，瑞士因為獲得國際社會確認的永久中立國地位，因而成為多種中立性國際組織的所在地，如紅十字會、國際奧林匹克委員會、世界貿易組織 (World Trade Organization, WTO)、世界衛生組織 (World Health Organization, WHO)、國際勞工組織 (International Labor Organization, ILO) 等等，也因為瑞士具有永久中立地位，遂成為解決國際衝突或紛爭的會議場所。

　　瑞士雖然境內多山，可耕地甚少，但瑞士卻能利用境內天然地理環境，一方面發展舉世聞名的精密工業，如人人欽羨的瑞士名錶；另一方面，很和諧地規劃觀光勝地，使旅遊事業蓬勃發展。此外，多民族、多語言，境內族群融合，形塑出舉世無雙的多元文化，可謂世界最佳典範。其中，最引世人矚目者，瑞士位於德、法、義、奧四大歐洲強國包圍下，卻未遭受第一、第二兩次世界大戰戰火的波及。凡此種種，這個以德意志、法蘭西、義大利等三大民族為主的瑞士，其歷史沿革、政經發展、社會文化，可以經由這一本《瑞士史》得到較完整的認識。

　　本書共有九章，內容包括：導論、瑞士早期與中世紀歷史、瑞士宗教改革歷史、永久中立政策與聯邦體制的確立和發展、兩次世界大戰對瑞士的影響、以及當代瑞士國家發展的過程與特色等部分。由於國內尚缺少有關瑞士史深入淺出的通俗讀本，相信本書能夠幫助國內

讀者瞭解瑞士之所以在諸多方面有傲人之處的歷史背景。

在此必須指出，本書在出版之前，有相當一段時間，令我寢食難安。先夫維邦於 1999 年答應三民書局，撰寫一本適合一般大眾閱讀的瑞士史，因為他留學瑞士多年，對該國各項發展印象深刻，讚賞有加，懷有一股相當濃厚的興趣。他本來希望可以儘早完成，未料 2002 年 12 月 2 日，在赴歐準備參加歐洲聯盟研究協會各國理事長年會之際，因旅途勞累，心臟病突發不治。這個突如其來的噩耗，令我傷痛不已。當我懷著悲痛的心情為維邦料理後事告一段落，我得要勇敢面對現實，替維邦整理遺稿，來完成他未竟的心願，也藉此表達對先夫的懷念。他生前一直以不能如期早日出版本書而念念不已，幸而得到三民書局的寬容體諒。

這本瑞士史能夠出版，首先得很誠摯地感謝三民書局劉董事長的好意邀稿，以及很專業又治學嚴謹的編輯群，在本書校對時，毫不含糊，一一指出書中疏漏之處，為此，除了依照編輯群指出的錯誤予以修正外，附帶有兩點說明：其一，地名要不是已有約定俗成的翻譯，基本上以當地使用語言為翻譯依據；其二，瑞士深受德、法、義、奧等周邊強鄰的影響，歷史上的關係複雜，某些外國重要人物先夫原本有意在註釋附加說明，但因與正文無關宏旨，只好割愛予以刪除。

同時，也要向剛從政大國關中心退休的洪茂雄教授，政大外交所博士班研究生王俊評同學致十二萬分的謝意，尤其王同學不辭麻煩，翻閱參考不少文獻，才能補正本書中的缺失或誤植，使其更加完善。由於洪教授、王同學熱誠的幫忙增補、完稿，這本書才得以見世，再次誠心感謝！

此外，整理過程中蒙曹永洋先生、曾志隆同學、外甥張欽凱的協助潤飾，以及眾多親戚朋友給予的鼓勵及支持，在此也一併致謝。

陳淑燕謹識於臺北新店寓所
2006 年 9 月 28 日

自 序

　　總算將拖延數年的這本《瑞士史》陸陸續續撰寫完成，倒不是完全偷懶，總是有一大堆事有待處理，現在趁出版之際，寫幾句感言。

　　1996 年劍橋的 Trinity Hall 學者斯坦北克 (Jonathan Steinberg) 教授在其第二版的 *Why Switzerland?*（《為什麼瑞士?》）序言曾有過如下的話：到底為什麼一個特異體質的瑞士存在過? 為什麼非瑞士人應該關切瑞士? 為何瑞士繼續存在? 相信三民書局的編輯，也會感到好奇而樂意來解答這些問題。

　　寫書難免有某些因緣際會的動機。就這本《瑞士史》而言，一來，因政大國際關係研究中心洪茂雄教授的推薦; 二來，作者曾在瑞士德語、法語區交界的佛立堡 (Fribourg，即自由堡) 留過學，逗留過相當一段時間，對瑞士政經社會文化有某種程度的認識; 三來，又因長期體驗過獨裁政權的荒謬生活，一直對瑞士的直接民主政治體制及人民享有高度的自由異常嚮往，所以才答應來撰寫一本通俗的瑞士史，以饗國內讀者。對於三民書局能夠體諒未能盡早完成交稿的苦衷，致最誠懇的謝意。

　　作者雖不是專攻歐洲史，但是長期來對於法國年鑑學派史學家布霍德爾 (Fernand Braudel, 1902～1985) 的貢獻非常折服。他將人文社會科學引進傳統的史學，深深的讓我感觸到，人文社會科學的不可分割性的重要，特別是離開了歷史，人文社會科學將只不過是堆積的「純理論」而已; 尤其是多年來在淡江大學歐洲研究所負責教授歐洲整合的課程，一再提醒研究生對於布霍德爾的「長期持續」(longue durée) 的概念，絕對要掌握住其精髓。在多年閱讀歐洲專家的著作中，更能體會到歷史觀的重要性。

1

　　這本書經過將近三年斷斷續續從閱讀到執筆，總算完稿。因教學和推動臺灣唯一在歐盟註冊有案的「歐洲聯盟研究協會」(European Union Study Association—Taiwan) 的活動，一直無法專心針對瑞士透過歷史演變做個有系統的介紹。單是消化眾多的文獻資料，就得花費長久的時間，雖然能夠運用德文文獻，但礙於時間精力的限制，主要的還是參考法文、英文文獻。

　　再者，有必要一提的是，本書還是決定將瑞士在第二次世界大戰期間與納粹希特勒進行比法國貝當元帥的維希政權 (régime de Vichy) 還更露骨的「合作」——這段實在不光彩的史實寫上去。對納粹德國和瑞士有一段極不光彩的互動，有深入研究的吉格勒 (Jean Ziegler) 教授嫉惡如仇，懷有高度的國際正義感，展現出知識分子的道德風範，讓人感動。不過相信有些較保守的瑞士人，極右派的瑞士愛國者更不在話下，基於家醜不可外揚，擔心影響到瑞士的美好形象，對吉格勒教授的作為定有種不同的感受。

　　在這本《瑞士史》，如果不讓歷史真相還原的話，就有失出版的意義，畢竟歷史不是「說故事」，可是也不敢期許透過本書可以達到「鑑往知來」這種崇高的境界，倒是希冀本書能夠對國人與歐洲人交流時有些參考價值。盼望讀者透過這本《瑞士史》，能夠多少瞭解瑞士的「奇蹟」：三大一小族群、四種國家語言、兩大宗教信仰，四邊圍繞著法國、德國、奧地利及義大利歐洲傳統的四大強權，卻沒有因此而被分裂滅亡；不同語言及宗教信仰的四個族群經過數個世紀的營居，居然建構了永久中立的自由又民主的國家，主權在民透過憲政的精深設計與實踐，不流於空洞的口號。政治人物不敢懈怠，很自然的會傾聽人民的聲音。除了代議制外，人民依創制、公民投票憲政機制，確保不受政客隨意的戲耍撞騙。

　　五個多世紀來，歐洲文明影響全球的人文社會科技發展，要避免人民與人民之間的誤解，或是各國領導菁英的衝突，只有透過相互的瞭解與交流，才可望營造出和平的大好世界。

　　這些年來，本人於公於私受到那麼多朋友的支持，臺灣「歐洲聯盟研究協會」才能夠繼續推動與歐洲的交流活動。作者要深深的感謝幾位理、監事、顧問：著述勤快的洪鎌德教授，有潛力的陳文賢教授，有創意又慷慨大方的中小企業創業家，特別是新店的昌昱公司 (Resungo) 的黃進騰、陳麗霞伉儷，以及臺中的簡肇嘉、黃和祿、李其樹，五股的楊昭福等四、五年來的鼓勵和鼎力相助，他們都是臺灣少有的歐洲通，二、三十年來憑著毅力及智慧，在沒有政府奧援的情況下，能夠於歐陸市場打出一片天，連瑞士既開放又保守的市場，他們也能長驅直入，營造商機。

　　最後作者想藉此機會，對長達四十多年，畢生無私奉獻給臺東原住民的瑞士籍雷化民神父 (Rev. Franz Leimer, 1927～1998)，永懷感念之意。這位悲天憫人的天主教傳教士，一度曾遭人污衊造謠，有「貪污」之嫌，雖然最後在臺灣民主化後，獲得花蓮地方法院平反，還他清白。他四十餘載足跡走遍東臺灣，幫助弱勢族群，如今長眠於索羅頓邦郡 (Solothun) 的貝特拉赫 (Bettlach) 鎮故土，曾令不少人追思不已。同時也得說些真心話，感謝內人淑燕三十幾年來無怨無悔料理家事，教育子女，還利用餘暇協助整理文稿，及家兄維毅的慷慨支援，得使作者無後顧之憂；對於遠在歐洲、北美奮鬥的宏遠 (Eric)、宏民 (Charles) 及宏睿 (Denis) 三個兒子，在成長過程中，或許還一時無法瞭解 "I am not a missionary, but I have a mission" 的意義，不過但願有一天總會悟解其道理所在。

張維邦謹識於新店
October 31, 2002

瑞士史

民主與族群政治的典範

contents

Switzerland

第 I 篇
瑞士的起源與發展

第一章
導　論

「從建立於善意及妥協精神上，三個種族之間的合作，產生了一種圍繞著共同軸心，所結合的多樣差異性政治統一。」

「瑞士不是靠統一形成的，而是靠結合，實現了在多樣性中結合成一個整體的單位。」

——濟格飛，法蘭西院士 (André Siegfried, Académie française)

第一節　瑞士自然與人文地理形勢

瑞士是個中歐的小國，其國土面積僅 41,285 平方公里，與其四周的法、德、奧地利及義大利相較，確實是個迷你的歐洲國家，比 2004 年加入歐洲聯盟的波羅的海三個東歐新興的獨立國家愛沙尼亞 (Estonia)、拉脫維亞 (Latvia) 及立陶宛 (Lithuania) 的國土還小，但是人口卻分別是這三個東歐國家的兩倍多到五倍多。

瑞士的英文國名 Switzerland 或 Swiss 取自瑞士中部，於 1291 年結盟三小森林農牧邦郡之一舒維茲邦郡 (Schwyz)，其紅底白十字的國旗則源自舒維茲邦郡的紋章。西元 2006 年 7 月 31 日止，人口估計約 7,523,934 人，聯邦首都定在伯恩 (Bern) 邦郡的伯恩市，貨幣採用瑞士

❶瑞士、挪威與英國、丹麥及瑞典等三個歐盟會員國還沒採用歐元。

❷通常正式場合都以標準德語 (Hochdeutsch) 發音，但瑞士德語系講家鄉話時，就以瑞士德語 (Schweizerdeutsch) 交談。不僅是德國人聽不懂，有時因邦郡的變音差距太大，連瑞士人自己也搞不清楚瑞士德語。

❸ Confederation 照字面翻譯的話其實應該是瑞士邦聯，沿用 1815 當年的政治體制，鬆懈的政治聯合，各邦郡保持高度獨立自主，並沒有代表瑞士的中央政府，因此算是一種政治上的聯盟

法郎 (Swiss Frank)，與以前的法國法郎或是比利時法郎有所分別，如今法國法郎及比利時法郎已經消失，為歐元 (Euro)❶所取代，但瑞士及挪威直到 2002 年仍未加入歐洲聯盟，不過與挪威不同的是，瑞士坐落於四個歐盟會員國之間，義大利通往德國，或是奧地利要到法國，還是要經過瑞士的阿爾卑斯山脈隧道。因此，瑞士還是有與歐洲聯盟協商的籌碼。不過歐洲聯盟已經擴大到二十五個會員國，瑞士固然是歐洲不可忽視的地理中心地帶，但是政治上瑞士顯然會面臨愈來愈被邊陲化的危機。以前歐洲各國為戰亂所困擾，瑞士武裝中立，國土未受到蹂躪，然而從第二次世界大戰迄今，歐洲享有歷史上最和平的時期，瑞士人民以前最引為得意的武裝中立，卻讓他們有了被孤立的感覺。

瑞士坐落於歐洲中部阿爾卑斯山脈，是由二十六個邦郡組成的聯邦體制國家，從 1515 年就維持中立，是個主權在民的聯邦共和國體制，國家語言共有德語❷、法語、義大利語及羅曼許語 (Romansh)，因此瑞士的正式官方國名用德文表示是 Schweizerische Eidgenossenschaft，用法文 Confédération Suisse，義大利文 Confederazione Svizzera 及羅曼許文 Confederaziun Helvetica。英文的譯名是 Swiss Confederation❸，中文則以瑞士聯邦❹稱之。首都設在德語人口聚居的伯恩邦郡的伯恩市。正式的官方語言則只限德、法、義語，主要是為了節省公帑，不將所有聯邦官方文獻翻譯成僅占全國人口 1% 的羅曼許語，何況大部分羅曼許人都會德語或是義語。

瑞士的地理位置依不同的地理觀點而異，如果波蘭、捷克是位於中歐的話，瑞士很顯然應該算是居於西歐的東南，可是法國的政治學者也是有名的地理學家濟格飛

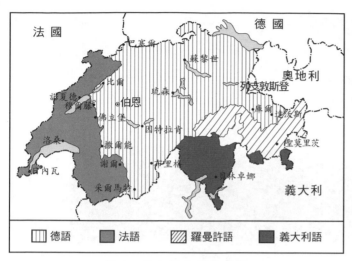

圖 1：瑞士語言區分布圖

而已，但是以後慢慢結合成為擁有中央政府，即聯邦政府的瑞士國。

❹有的以發音翻譯成瑞西。

於《瑞士：民主的見證》(*La Suisse:Démocratie-Témoin*) 一書當中，卻將瑞士定位於中歐，那麼德國也自然與波蘭、捷克一樣屬於中歐。習慣上，在第二次世界大戰後的冷戰時期，波蘭、捷克、匈牙利、南斯拉夫被劃分成東歐，可是奧地利原本與捷克幾乎是同經度，卻屬於西歐國家。瑞士在奧地利邊境的西部，因此應該算是位居於西歐。

　　瑞士屬阿爾卑斯山地內小國之一。阿爾卑斯山脈是歐洲境內最高大的新褶曲山脈。山脈呈弧形，南側長約 750 公里，北側約 1,300 公里。山脈最窄處在法、義、瑞三國之間，僅約 130 公里，最高峰白朗峰（4,811 公尺）即位於此。最寬部分則在義大利維洛納 (Verona) 以北，約達 240 公里。狹義的阿爾卑斯山脈西起阿爾臺山口 (Altare Pass)，東止於維也納盆地及格拉茨盆地，東西直線距離約 550 公里，廣義的阿爾卑斯山脈則又往東伸入巴爾幹半島境內。政治上阿爾卑斯山地分屬法、義、

圖 2: 阿爾卑斯山

瑞、奧、德、列支敦斯登、斯洛文尼亞、克羅埃西亞等八國，但只有瑞、奧、列三國位於山地之內，故稱阿爾卑斯三小國 (Alpine Countries)。其中瑞士位於山地的西北部，奧地利位於東北部，列支敦斯登則位於瑞、奧兩國之間。

瑞士國土類似橢圓形的木瓜，其地形可分為三區：1.朱拉山脈 (Jura Mountains) 支配著瑞士西北部，為東北西南走向，其中包括許多平行的山脊及山谷，山脊的高度大多在 1,000 公尺以上；2.南邊為東西走向的阿爾卑斯山脈。阿爾卑斯山是歐洲境內最高大的褶曲山脈，山脈最狹窄的部分在法、義、瑞三國之間，阿爾卑斯山最高峰白朗峰即位於此。瑞士境內的阿爾卑斯山地高度在 1,500～3,000 公尺之間，高峰極多，為交通方面的天然障礙。山地間散布許多湖泊，瑞士國土的四分之三均為阿爾卑斯山地；3.在朱拉山脈與阿爾卑斯山脈之間，夾著瑞士高原，此高原形成山地間東西向走廊，高度介於 400～1,000 公尺之間，其間有許多因古代冰河作用而形成的美麗湖泊。

瑞士這一特殊地形啟發了濟格飛的想像，認為山區與高原上的山谷平原給予瑞士賴以生存的經濟空間，然而更重要的是阿爾卑斯山脈

峻嶺自然景觀，超過 4,000 公尺的高山有四十座，其中以蒙特羅沙（玫瑰山 Monte Rosa）4,634 公尺為最高，提供瑞士足以實踐其嚮往自由的心理空間要素。要是瑞士的地形類似波蘭或是比利時、荷蘭，是平坦且一望無垠的平原，濟格飛的結論是：瑞士無法誕生，就算誕生了也無法生存，早就在數世紀前被歐洲列強給瓜分殆盡。離開特殊的高山峻嶺、冰河與湖泊自然環境，威廉特爾 (Wilhelm Tell) 的英雄事蹟根本無法想像。

　　瑞士因受阿爾卑斯山之影響，氣候多變。境內山脈的南北兩邊，氣溫相差很大：山北日照較少，較為寒冷，森林茂密，居民不多；南坡則日照較多，氣溫較高，適於農牧業發展，人口較稠密。阿爾卑斯山的山谷與其他地方比起來，夏季較暖，但冬季卻又更冷，常發生薄霧，陽光微弱，不比向陽的坡地享有較多陽光。由於這些原因，瑞士的山地聚落大多位於向陽的山坡上。瑞士雖為山國，地勢較高，但一般而言，氣候溫和，巴塞爾（Basel，標高 277 公尺）一月均溫為攝氏 −0.5 度，日內瓦（Geneva，標高 405 公尺）則為 0.5 度，琉森（Lucerne or Luzern，標高 460 公尺）為 −0.5 度；七月亦不熱，巴塞爾為攝氏 19 度，日內瓦為 19.5 度，琉森為 19 度。瑞士年雨量介於 800～1,000 公釐之間。另外，瑞士在冬季常有焚風發生。焚風的高溫，有時在兩小時內可使氣溫突然升高攝氏 20 度！焚風可以使瑞士春季提前到來，但卻也會使積雪迅速融化，引起高山雪崩。

　　對一般國人而言，瑞士可以似曾相識卻又相當生疏來描述。所謂似曾相識與其說是憑印象的自我認知，毋寧說是一種憧憬、孺慕，將瑞士視為人間樂土，地上天堂的代名詞。生疏是因為時常弄不清楚，到底瑞士與瑞典 (Sweden) 有何差別，也有將奧地利 (Austria) 與澳大利亞 (Australia) 混在一起，當然這算不得是例外，歐洲人不也常把臺灣 (Taiwan) 誤認為泰國 (Thailand) 一樣嗎？

　　從 1970 年代以後，國人出國旅遊的人數遽增，到歐洲觀光的也愈來愈多，因此將瑞士與瑞典混淆不清的人相信不多。瑞士給人是個牧

園農業國家的印象，可是跟英國或是比利時一樣，農業人口比例相當低，工業非常發達，舉世有名的瑞士鐘錶業，雖然受到高度競爭的壓力，但世界名貴的鐘錶依然是瑞士製的。瑞士的精細機械、藥劑化學、重工機械、發電機、食品產業享有極高的聲譽。同樣的保險、金融銀行及觀光事業在短期內沒有幾個國家可以取而代之。

第二節　認識瑞士的必要途徑

如何切入本書的撰寫，換言之，如何介紹瑞士這個國家，這是任何作者必須面對的挑戰，今日大家所認識的瑞士是經過漫長的歷史演變（政體、社會、文化）及空間的變遷（國土消長）。一提及瑞士，世人對這平和翠綠山巒連綿不輟、風景綺麗、湖光水秀的蕞爾小國都是讚揚羨慕的居多。無疑的，瑞士是個西歐舉世聞名的儁小秀麗、風光明媚、享有人間樂土的國家❺。瑞士人對他們自己的自由民主體制、宗教信仰、財富繁榮，特別是高效率、社會祥和的歷史成就相當驕傲。長久以來瑞士的勞資關係相當融洽，幾乎沒有大規模的罷工、遊行抗爭，也無貧民窟，國家也無財務的大負擔。雖然瑞士給世人的形象是那麼祥和進步，可是如今瑞士也有西歐同樣的社會經濟問題，譬如吸毒、愛滋病的蔓延，失業也曾感染這個國家，尤其是男性成人的自殺率更是歐洲國家中最高之一。

另外，如果研究一下瑞士建國的歷史過程，也許對這個號稱自由和平的世外桃源又會有另一番的看法。殊不知歷史上瑞士在十八世紀末十九世紀初，也曾受過拿破崙軍隊的征服，也有過族群宗教紛爭不已、動盪起伏

❺除了濟格飛讚揚瑞士為「民主的證人」外，瑞士也有「和平的沙漠綠洲」、「永久的奇蹟」及「共和體制的模範」等等的讚稱。

的經歷❻。就像臺灣漢人社會在日本統治前，地方械鬥，漳、泉不睦，閩、客為爭奪土地農耕灌溉，或是漢人與原住民衝突一樣，幸好那已經是過往的歷史。比起以前的械鬥，今日所謂的臺灣族群「緊張」關係根本不可同日而語，比以前文明得多。

圍繞著瑞士四周的都是歐洲強盛的法、德、奧及義大利文明國家，而瑞士也是操法、德、義語的族群所組成的，為什麼沒有被其強大的鄰國所分割？環繞著這個阿爾卑斯山脈的蕞爾小國一直是法、德、奧及義大利覬覦的目標，其實一部瑞士歷史糾葛著錯綜複雜的因素，也是一部住居深奧山區的族群抵抗外族侵襲的英勇傳說的史實。

曾在蘇黎世聯邦理工大學 (ETH)❼任教外交史的名教授薩理納斯 (Jean Salinas) 在他的著作裡，開宗明義的列舉幾個現代國家的構成要素。瑞士一共有二十六個自主性相當高的邦郡 (Canton, Kanton)❽，由三大族群、兩大宗教、四個語言的人民組成的既分權又能夠以聯邦體制維持主權獨立的國家。在歐洲國家中，瑞士的自然資源最貧乏，可是國民所得排名卻相當高，是世界財富最集中的國家之一。一、兩個世紀前的瑞士也是如歐洲其他國家一樣內部混亂不安寧，與鄰國關係也相當緊張，然而迄今瑞士國土依然不受外力的影響，版圖保持其完整性。一般而言瑞士人政治上相當保守，對社會主義左派理念很排斥，但發展出全民高社會福利的制度。瑞士是個民主自由的國家，傳統上卻限制婦女投票參政，直到第二次世界大戰後，婦女才有參政權。如果將這些充滿著矛盾的構成要素一一拿來檢驗瑞士的話，照道理瑞士不可能存在。那為什麼瑞士還能獨立於世，不

❻例如十九世紀初期，瓦雷邦郡 (Valais) 的自由派法語系與保守派德語系就曾有過武裝衝突。1833 年巴塞爾市區與巴塞爾鄉區間的流血衝突，1856 年諾夏德的武裝反抗，1872 年在日內瓦發生的宗教文化紛爭以及 1847 年的「分離同盟」 (Sonderbund) 內戰，七個天主教保守邦郡聯合防衛抵抗自由派的勢力擴張，最後聯邦出軍才解決紛爭。

❼ ETH 是 Eidgenosische Technische Hochschule 的縮寫，直譯為「聯邦科技高等學校」。

❽ 德文拼音的 Kanton 或是法、英文 Canton 一

9

般都以郡翻譯，但是法國也有個比 Préfecture(省) 還低一層的行政單位的 Canton（郡），為了避免混淆，乃將之翻譯成邦郡，取其組成邦聯的邦與 Canton 郡的原意。雖同為聯邦制國家，瑞士各邦郡比起美國的各州更具有獨立自主性（財稅、教育等）。瑞士各邦郡的權限相當特殊，並不直接隸屬於聯邦政府，各邦郡雖大小不均，但其權限依憲法行事，不容侵奪。有些全國性的議題，透過國民公投時，除了全國票數一定是多數決外，也得有足夠的邦郡通過才算數。

1 蘇黎世	8 格拉盧斯	15 外羅登阿本澤爾	22 沃
2 伯恩	9 祖克	16 內羅登阿本澤爾	23 瓦雷
3 琉森	10 佛立堡	17 聖加崙	24 諾夏德
4 烏里	11 索羅頓	18 格勞賓登	25 日內瓦
5 舒維茲	12 巴塞爾市區	19 阿爾高	26 朱拉
6 上瓦爾登	13 巴塞爾鄉區	20 圖爾高	
7 下瓦爾登	14 夏佛豪森	21 堤奇諾	

◎ 首都
• 邦郡首府

圖 3：瑞士行政區圖

被同化融入法、德、奧、義等國？難道是因為拜賜於瑞士高明的武裝中立外交政策，才不至於遭受解體的慘痛命運？為什麼在文藝復興之後，十六世紀宗教紛爭的亂世年代及歐洲民族主義高漲的時代，瑞士還能屹立於世？薩理納斯的結論簡單扼要：歷史使然。其實要瞭解當今的國際事務，特別是世界體系的發展，還是要從十五世紀資本主義萌芽時期到今日的演進，透過歷史的研究才有望究明其因果關係。

　　唯有從歷史去追尋脈絡，才能夠瞭解今日繁榮進步的瑞士。瑞士人民的集體記憶建構在哪種基礎上？其國家認同不是建基在血統、語言、宗教上，而是構築在傳統的獨立自主、自由及中立理念上。最重要的是，瑞士

全國人民深信抵制外敵、捍衛中立原則及獨立自由精神是瑞士得以生存發展迄今的原動力。當然瑞士人民對自己國家的政治民主體制傳統非常自豪，這種維護人民高度獨立自主、自由的體制——直接民主、公投創制制度的設計，使得政治不至於遠離人民，這也讓瑞士人自然而然地產生國家認同的凝聚力。這種瑞士式的民主有時也被稱為「共識民主制」(consensus democracy)。

不僅宗教（天主教與基督新教）、語言差異，更重要的是地理環境經過數世紀的塑造，也因都市邦郡及農村邦郡的對立，演變成傳統保守及自由、激進改革的兩股政治勢力，幸好瑞士的語言與宗教信仰並不沿著政治勢力的對立而發展，同樣是德語系的，內部有宗教與政治主張的差異，法語系亦然，如此交叉的結果達成一種均衡的態勢。此一均衡局勢又經過數百年彈性的聯邦制度及直接民主體制的滑潤運作，成了今日多黨林立卻能夠維持政治安定，社會祥和的先進國家。

不過以一百多年來公民投票的演進來考察的話，瑞士人民因語言差異的因素影響社會遠大於宗教信仰的因素。一般而言，法語系羅蒙瑞士 (Suisse romande) 居民較開放外向，也較傾向歐洲整合，德語系阿勒曼瑞士 (Suisse alémanique) 居民則較傳統保守，不像法裔或是義裔居民較具有社會平等的價值觀。然而這種說法也不盡然有道理，事實上講德語的阿勒曼瑞士也因宗教信仰，有保守傳統（天主教）與激進開放（基督新教）的差異；同樣的，講法語的羅蒙瑞士也有天主教與基督新教之分。然而，瑞士數世紀以來一直有股自我維護的保守性格傳統，才不至於自我瓜分，以至於離心分隔成為法、德、義及奧諸鄰國的部分疆土。

瑞士是中世紀末的政治產物，其民主自由傳統甚至可以追溯到十三世紀，在十五世紀瑞士才開始意識到作為瑞士國家的存在，在 1648 年〈西伐里亞條約〉(Peace of Westphalia) 的簽署確立了國際公法上的中立、獨立自主的地位，1815 年維也納國際會議 (The Congress of Vienna) 正式承認瑞士為永久中立國家，1848 年瑞士才成為一個現代

化的聯邦國家。參與 1815 年維也納國際會議的日內瓦代表畢格特德‧霍許蒙 (Adolphe Pictet de Rochemont) 曾明確的表示，中立不是為了瑞士本身的利益，主要的還是給予歐陸其他國家的方便，因為歐洲需要一個中立國家以維護歐洲各國的利益。二十世紀第二次世界大戰爆發後，瑞士中立果然發揮維護各交戰國利益的作用。當然是不是因為是中立的關係，希特勒沒有侵占瑞士，迄今這個謎還是無法解破。

濟格飛也得出要瞭解瑞士，一定要從歷史入手的結論。整本《瑞士：民主的見證》對這個坐落阿爾卑斯山脈的繁榮工業先進的民主小國讚揚有加：族群文化語文既多元多種卻又能和諧發展，既享有自由又能守紀律維持秩序，既維護歷史傳統又不阻礙進步，保持中立又不放棄以軍事實力捍衛國家。他觀察到瑞士的聯邦政治及有效的行政官僚體制沒有像其他國家那種傲慢的官僚弊病，政治人物及官員異常貼近人民，對國民的社會福祉傾心關懷照拂。

濟格飛認為瑞士的民主是主權在民的高度表現。認為瑞士民主的成就得自瑞士人先天的特殊心理因素，無法移植到他國。還強調，一個國家並不是靠土地及氣候組成的，最主要的還是人民。確實如此，瑞士除了秀麗山巒峻嶺的寶貴觀光資源外，幾乎沒有重要的自然資源，所幸瑞士卻擁有並不是很多國家能超越的大資產：產業高超的巧工藝匠、科技尖兵，及眾多守紀律的現代化公民。而瑞士人經過漫長的世紀固守民主自由，一直強化了以各邦郡獨立自主護衛人民權益的聯邦體制。❾此一體制，維持了既傳統又進步，團結又多元，自由又自律，中立又能以全民軍事動員護衛國家安全；瑞士這

❾瑞士名作家德胡之蒙在其《瑞士或一個幸福人民的歷史》(*La Suisse ou l'Histoire d'un peuple heureux*) 一書裡也強調，瑞士真正的祕密不是銀行帳號，而是瑞士的聯邦體制。

一美妙均衡的獨特性發展世上罕見。

第三節　瑞士的多元性面貌

　　瑞士名文化學者德胡之蒙 (Denis de Rougemont) 在他的自傳《一個歐洲人的回憶錄》(*Mémoires d'un Européen*) 裡開宗明義的表明「瑞士不是一個國家，是個防衛共同體」(La Suisse n'est pas un État, c'est une communauté de défense)。確實是個銳利的觀察，瑞士聯邦政府當然比起歐洲聯盟的歐洲執行委員會 (European Commission) 更具有權力，不過基本上瑞士各邦郡卻享有高度獨立自主的權限，從中世紀瑞士阿爾卑斯山脈地區，聖格達 (Saint Gothard) 山隘山谷的農牧民為了防衛家產利益結合成的防衛共同體，之後都會鄉鎮漸次加入此一共同體。瑞士歷史的發展可說是歐洲歷史發展中反其道的怪例。在封建時期，瑞士各山脈地區防衛共同體先後掙脫外國（特別是奧地利及神聖羅馬帝國的君王貴族的統治），當歐洲各國忙著建構國族國家 (État-Nation, Nation-State)❿時，瑞士各邦郡依舊維持高度獨立自主（財政、教育、司法、警察等等）的政治體制。瑞士人民的國族意識 (nation) 相當薄弱，對他們而言，Nation 只是獨立自主邦郡人民，各自擁有不同的歷史、文化習俗、語言及宗教信仰的一種聯合體。這一聯合體稱為瑞士聯邦 (La Confédération helvétique)，一旦有外敵，大家聯合一致抵禦，維護各自的邦郡體制的完整。這種聯合可說是一種歷史留下來的實質防衛共同體。平時瑞士人民只認同各自的邦郡，到國外旅遊或是在外長居時，才有瑞士聯邦國的認同感。

❿有趣的是法、英文的表現法不一樣，英語 Nation-State 置 Nation 於 State 之前。這或許是歷史傳統使然；法文剛好相反，État-Nation 國家先於民族・國族，法國皇室特別是路易十四 (1614～1715) 執政時期的法國，王權國家之強盛無與倫比，而後為了方便統治，王權乃刻意塑造，法國的國族意識 (Nationlité) 才漸次孕育形成。

❶下瓦爾登於十四世紀分成上瓦爾登 (Obwalden) 及下瓦爾登 (Nidwalden)。

❷地理自然景觀，其山脈走向分布也不利國家的一統。

❸當歐洲大多數國家長期都由王家貴族統治時，唯獨瑞士長久以來一直保持著共和體制。從 1291 年瑞士中部阿爾卑斯山脈山谷的農牧邦郡，結盟爭取自由獨立奮鬥的傳統卻能慢慢地擴大到鄰近的非農牧邦郡。

❹另外一個幾乎沒有受到戰亂威脅的國家，就是瑞典。

在中世紀時四個主要封建領主柴林根 (Zähringen)、薩瓦 (Savoie)、基堡 (Kyburg) 及哈布斯堡 (Habsburg) 家族王朝分別支配瑞士。但是從 1291 年瑞士中部三小森林 (Waldstätten) 農牧邦郡的烏里 (Uri)、舒維茲及下瓦爾登 (Unterwalden)❶誓約結成永久的軍事防衛同盟以後，瑞士人民漸次脫離了封建領主的統治，不再是附屬於王朝版圖下的子民，而形成了高度自主性的邦郡結盟的政治體制，七百多年來的瑞士基本上是以邦郡相互間軍事結盟，捍衛人民的自由，抵禦強權的侵占非常成功的國家，雖然在法國大革命後至拿破崙帝王短暫介入瑞士內政，但還是保持了瑞士邦聯的體制，至少沒瓜分瑞士成為法國的附屬邦郡。

歐洲各國自古就是族群雜居，由於歷史與空間的交替，帝國與封建制度的嬗變，語言與文字各自發展，因此隨著產業革命及資本主義漸次從地中海擴展到整個歐陸。政治與經濟同時相互辯證發展的結果形成國族國家，以前通常譯為民族國家體制。以法國為例，這種國族國家體制，法國人其實包含著許多不同的族群 (éthnie) 與語言，像布列塔尼人 (Bretons)、巴斯克人 (Basques)、科西嘉人 (Corses)、諾曼地人 (Normands) 等等。雖然文化習俗不盡相同，但政治上大部分居民均認同法國，絕大多數國民對法蘭西 (France) 燦爛文化都引以為傲。瑞士比法國語言文化宗教更具多樣性 (diversity)，卻能夠維持國土的一統 (unity) 局面❷，這是瑞士歷史的主軸主題❸。此一主軸主題經過法國革命，到十九世紀初 1815 年歐洲列強在維也納會議確立承認是個永久的中立國家迄今，一直維持不變。在二十世紀經歷過第一、第二次世界大戰，依然是歐陸極其少數❹

沒有受到戰火摧毀的國家。

　　1965 年左右瑞士曾有過民意調查，據說有 94% 的瑞士人很滿意自己的命運，也是根據此一結果，德胡之蒙撰寫了一本介紹瑞士的書，題名為《瑞士或一個幸福人民的歷史》，對自己的命運感到滿意，當然表示相當幸福。以世俗的觀點來檢驗瑞士的經驗：社會安定、人民祥和、生活富裕、自由自在、不受任何威脅，瑞士人自然稱得上幸福快樂。也就是這種平和，世外桃源的世界，難怪有名的電影導演兼明星威爾斯 (Orson Wells, 1915～1985) 在其 1949 年拍製的電影《第三者》(*The Third Man*) 裡提及瑞士時，只有如次的「評語」:「在十五世紀末義大利博基雅家族，特別是博基雅公爵 (Cesar Borgia, 1475～1507) 統治期間，到處是恐怖、謀殺、血腥，可是他們卻產生了米開朗基羅 (Michelangelo di Lodovico Buonarroti Simoni, 1475～1564)、達文西 (Leonardo da Vinci, 1452～1519) 及文藝復興。在瑞士，有兄弟之愛，五百多年的民主與和平，但是他們產生什麼？只有布穀時鐘 (cuckoo)。」用每個小時或每半個小時布穀就機械性的探出頭來，叫穀穀聲以報時，那麼準確也那麼單調，幾乎是以乏善可陳來描述瑞士。事實上，除了中世紀或是十六世紀曾有過宗教改革、十八世紀末的動亂外，基本上瑞士確實平靜得沒產生出大思想家來，盧梭❶(Jean-Jacques Rousseau, 1712～1778) 也許是個例外，不過他的活動範圍還是以法國為中心，何況十八世紀時的日內瓦及諾夏德還沒加入瑞士邦聯。

❶盧騷或盧梭是中文約定俗成的譯音，其實以「胡梭」較接近法語發音。

第四節　具有瑞士指標性意義的象徵

提及瑞士歷史也許會立即聯想到抗暴的愛國志士威廉特爾的傳說，或是十九世紀義大利歌劇作曲家羅西尼 (Gioacchino Antonio Rossini, 1792～1868) 根據德國文學家席勒 (Johann Christoph Friedrich von Schiller, 1759～1805) 的戲劇所譜曲的「威廉特爾」那支讓人印象深刻的號角響亮反暴抗敵的序曲吧。

瑞士的英文國名 Switzerland 或 Swiss 取自 1291 年結盟三小森林農牧邦郡之一舒維茲邦郡。西元 1291 年 8 月 1 日坐落於當今瑞士中部的三小邦郡烏里、舒維茲及下瓦爾登誓約結成永久的同盟，今日的瑞士就是以此一誓盟日為國慶紀念日。1991 年 8 月 1 日瑞士郵政總局發行建國七百週年紀念郵票，全國各地亦舉行各種慶典活動，學術研討會當然也不例外，有關建國七百年紀念的書籍雖然寥寥無幾，無法與 1976 年美國建國兩百週年慶比擬，但總聊勝於無❶。

瑞士是個聯邦議會體制的國家，總統象徵性的自聯邦政府（即聯邦委員會或可翻譯成聯邦部長會 Conseil féderal, Federal Council）產生，採輪流制，任期一年。瑞士總統相當平民化，權力有限，不像美國、法國的總統享有無上的權威與權力。如果問瑞士人，誰是他們的總統，極可能以聳肩不知情回覆，也不以為怪。瑞士總統跟普通人一樣，或許租公寓搭公車上班。

現今瑞士的白十字紅底的國旗在十二世紀就出現，1339 年瑞士抵制神聖羅馬帝國的幾個邦郡開始以白十字旗為其掙脫鎮壓的象徵。目前所用的國旗是 1848 年

❶請參閱本書所附的德、法、英參考書目。

圖4：瑞士國旗

制定的，1889 年稍微修改。白十字原本是取基督教信仰的意義，後來延伸成為具有和平中立的意涵。紅十字會創建人杜南（Jean Henri Dunant, 1828～1910）是瑞士人，因此採用瑞士的十字為紅色白底的旗幟。

　　二十世紀一百年的前半世紀，除了瑞士，整個歐洲被捲入兩次大規模的世界大戰，當然不是因為瑞士保持中立的關係，而是德國就算要侵占瑞士，也得付出很大的代價，到底瑞士的中立並不是靠外交手腕達成的，而是靠軍事實力及瑞士全民強烈的保衛獨立自由民主的意志力，使得德國及納粹軍因此不敢輕舉妄動。這是一般人的認知。不過，1996 年美國國會通過〈揭發戰爭罪法案〉(*War Crimes Disclosure Act*)，柯林頓總統簽署後，使得瑞士在第二次世界大戰期間與納粹「合作」的醜聞一一傳開來，瑞士中立原則不再那麼神聖偉大，原來瑞士當局為了國家的利益，協助納粹購置重要軍需器材物資，瑞士替納粹德國漂白占領區搶奪的贓物及黃金，其精密機械工廠也替納粹製造武器！

　　談到瑞士，馬上會聯想到這個湖光水秀、翠綠險峻又巍峨的阿爾卑斯山巒、迤邐不輟風景綺麗的蕞爾小國。如果說瑞士不是人間天堂，到底有多少人會同意？有人遐想，瑞士應該是田園牧歌式的人間淨土！

　　難道瑞士一開國就是那麼平和，從沒發生過戰亂？翻開一部瑞士七百多年的歷史，其實也曾記載可歌可泣的抗暴史，威廉特爾的傳說，至今依然流傳瑞士開國之源的中部烏里邦郡。無疑的到達自由之路，瑞士人民也走過一段坎坷曲折的路程！

　　據傳說威廉特爾是瑞士烏里地方的護國者，他拒絕對暴虐的奧地利哈布斯堡王朝的法政執行官葛斯勒 (Gessler) 撐在竿上的帽子致敬，法政執行官乃下令威廉特爾射擊放在他孩子頭上的蘋果，在淫威下，

圖 5： 豎立在琉森湖東南阿特道夫 (Althdorf) 鎮中，極受瑞士人推崇的民族英雄威廉特爾與其子的雕像。

他以高超的技藝射下蘋果，保住兒子的生命。不過射前，曾藏了另一支箭，萬一不幸失敗，傷及孩子，他也要葛斯勒抵命。為此，還是被逮捕下獄。不久，在送往監獄的湖中逃亡成功，並埋伏在秋思那特 (Küssnacht) 的凹巷路 (Hohle Gasse) 射殺葛斯勒，觸發抗暴，終於在 1308 年推翻了奧地利法政執行官。當然這一傳說到底有否其真實性，如今已不是重點。瑞士史學家認為那是 1848 年現代瑞士聯邦成立，為了凝聚國家的向心力，乃以抗暴爭取獨立自由為主軸，威廉特爾成了現代瑞士的象徵或是圖騰。據瑞士史學家費勒 (Richard Feller) 及彭日爾 (Edgar Bonjour) 合著的兩大卷《瑞士歷史編纂——從中世紀晚期到現代》(*Geschichtsscreibung der Schweiz, vom Spätmittleater zur Neuzeit*) 所列的從十三世紀到十四世紀有關三小森林邦郡用拉丁文書寫的結盟密約，或是莫爾加騰戰役 (Battle of Morgarten) 及〈布魯能公約〉(*Pact of Brunnen*) 等各種編年史或是史學家的著作中都有記載，唯獨無威廉特爾或是葛斯勒法政執行官的事蹟或是名字。到了 1470～1472 年在上瓦爾登邦郡所留存的撒爾能 (Sarnen) 文獻檔案才首次有了威廉特爾的

記錄。

　　不過此一傳說極可能來自北歐，在第十、十一世紀就流傳下來，而不是源自瑞士。1947 年瑞士史學家德博爾 (Helmut de Boor) 整理了北歐的傳說，以《北歐、英國及德國的蘋果射擊主題論述》(*Die nordischen, englischen und deutschen Darstellunggen des Apfelschussmativs*) 出版。這些論述幾乎都一樣，以史詩或編年史的方式敘述射擊手遭受領主或是暴君的壓抑，被迫對準自己孩子頭上的蘋果射擊。甚至有的認為瑞士名稱來自舒維茲，而此字與瑞典脫離不了關係，據說是瑞典半島鬧飢荒，被迫尋找生機，最後在阿爾卑斯山定居下來，因瑞士（拉丁文的 Suicia）與瑞典（拉丁文的 Suecia）同根源。

　　不過在十九世紀史學家依然爭論不休，依柯布 (Joseph Eutych Kopp)《聯邦史文獻》(*Urkunden zur Geschichte der eidgenössischen Bünde*)，認為傳說的說法是虛構的，但也有認為確實有其歷史根據，如伊茲禮 (J.-J. Hisely) 的考據，《有關威廉特爾歷史的批評研究》(*Recherches critiques sur l'histoire de Guillaume Tell*)。二十世紀威廉特爾研究 (Tellforschung) 專家則對於到底有否威廉特爾存在已不再感興趣，關切的是威廉特爾的形象如何產生塑造人民共同營居的生活功能。事實上，一個國家，如瑞士的國族建構 (nation-building)，需要發展集體文化認同來鞏固之。不像法國、德國或是義大利，在十九世紀瑞士無法靠固有的共同文化、語言或是族群建構國家。對瑞士而言，威廉特爾爭取自由，抗暴的傳奇可以發揮凝聚國家向心力，歷史傳說或是神話，或是任何想像的圖騰都有助於國家認同的建構。瑞士的特殊政治體制及武裝捍衛中立的傳統也有鞏固瑞士人民團結的作用。

　　威廉特爾這一膾炙人口的傳說功能，約在 1570 年編史家也是格拉盧斯 (Glarus) 的政治人物及軍人朱迪 (Aegidus Tschudi) 撰寫的《瑞士年代記》(拉丁文 *Chronicon helveticum*) 才開始有今日大家所熟知的抗暴傳說的記載。為什麼經過兩三個世紀後，才有威廉特爾的記載？原來十六世紀的瑞士，同盟邦郡還相當鬆懈，又受到外來武力威脅及內

部分裂的危機，特別是與南德交戰的舒瓦本 (Schwaben) 戰役及宗教改革所引發的戰爭，如卡佩爾 (Kappel) 之役，如何鞏固同盟抵禦外敵，團結消除內亂不安，需要有個英雄人物領導的象徵，威廉特爾就在這一背景下應運而生，可是該書卻遲在 1734～1736 年才出版。十八世紀名瑞士歷史學家繆拉 (Johannes von Müller) 根據朱迪的編年史於 1778 年出版的《瑞士人史》又加以有系統的轉述。日耳曼詩人、劇作家席勒於他逝世前一年 (1804) 上演了《威廉特爾》這齣戲劇。劇情描繪烏里、舒維茲及下瓦爾登的三十三個代表莊嚴發誓，要推翻獨裁者葛斯勒，爭取自由。席勒的劇作絕不是偶然，日耳曼有了強烈的民族意識，卻還沒有建構強大的國家，乃透過英雄人物塑造日耳曼人團結的形象。

過了二十五年，十九世紀名義大利歌劇作曲家羅西尼將《威廉特爾》譜成歌劇上演。藉著瑞士人民抗拒哈布斯堡王朝高壓統治的歷史傳說，以音樂鼓舞義大利倫巴底 (Lombardy) 人積極反抗奧地利的鎮壓！

日本明治維新時代推展自由民權運動的植木枝盛 (Ueki Emori) 在他的新體詩歌《自由詞林》(1887) 就刊載有〈瑞士獨立之歌〉(瑞西獨立の歌)，他頌揚美國是個「新天地」，對瑞士則謳歌為「自由鄉」，並

圖 6：瑞士錢幣上的賀維夏女性圖像

讚賞爭取自由的威廉特爾的英勇行徑。早在明治十年 (1877) 齊藤鐵太郎翻譯席勒的戲劇《威廉特爾》即以「瑞士獨立自由的弓弦」(瑞士獨立自由の弓弦) 為標題，提升自由民權的意識。

除了威廉特爾象徵的抗暴英雄傳奇，瑞士與象徵法國的瑪麗安娜 (Marie-Anne) 的形象一樣，也有賀維夏 (Helvetia) 女性圖像，象徵瑞士國家之母，郵票貨幣圖像到處都有她的

形象，足以辨認出代表瑞士。甚至阿爾卑斯山脈圖片，配上懸在高原的牧屋 (chalet)、優美的乳牛及牧者在草原吹起長簫笛一山又一山的交流回響，都可以呈現出瑞士的特徵形象來。

在二十世紀第一次世界大戰德、法對陣時，瑞士也有過德、法族群的裂縫鴻溝，所幸瑞士國家認同不因族群對立而引發不可收拾的緊張，最後拜賜獨立自主與追求自由的長久傳統，迄今瑞士依舊是個歐洲自由民主社會穩定的先進國家。

不過瑞士伯恩大學政治學教授林德 (Wolf Linder) 在其第二版的《瑞士民主：解決多元文化社會衝突的可能之道》(*Swiss Democracy: Possible Solutions to Conflict in Multicultural Societies*) 又提出另一個要素。他明確的指出「中立是建構瑞士國家 (Swiss nation) 的必要之助」(Neutrality: a necessary aid in building up the Swiss nation.)。中立不僅對內可以鞏固各邦郡的獨立自主傳統，對外又可以一致防衛邦郡聯盟不受外侵。因此外來侵略的威脅也是瑞士國家認同的要素之一。

另外根據不成文習慣，瑞士發展出一種獨特的族群政治權力分享的傳統，使得族群關係融洽，這也是瑞士人民不因語言、宗教及階級屬性的差異而對國家忠誠度減低的重要原因。

另外，宗教、語言與社會經濟條件的差異，交叉形成一種既複雜又能促成政治權益的均衡。在法語人口集中的邦郡地區或是德語占絕大多數的邦郡各有兩大不同的宗教信仰，而語言差異的邦郡各有不同的社會經濟發展條件，不是呈現瑞士德裔富有與法裔或是義裔貧困之間的對立。這種語言、宗教以及社會經濟條件差異的交叉發展，使得瑞士各族群孕育出寬容又多元的文化傳統，從而塑造出在差異中追求融合的特殊國家屬性。

1291 年 8 月 1 日，是阿爾卑斯山脈三小邦郡（烏里、舒維茲及下瓦爾登）結盟武裝互助防衛的紀念日，也是今日瑞士的國慶日。其實中世紀的瑞士一直到法國大革命都不是真正的邦聯之國，而是類似各個獨立邦郡簽署的軍事防衛協約國或是共同體。當時瑞士的士兵勇猛

聞名於歐洲。1515 年在靠近今日米蘭的馬麗釀諾 (Marignano) 慘敗後，才自我修煉，在列強中不再介入戰爭，保持武裝中立，特別是歐洲宗教三十年戰爭時，瑞士的中立得以在〈西伐里亞條約〉被列強承認，之後又在十九世紀初，維也納會議被確認為永久中立國迄今。

二十世紀第一次及第二次世界大戰，瑞士幸運的沒有受到戰亂的波及，特別是納粹瘋狂席捲歐陸各國，為什麼獨獨瑞士沒有被征服，迄今依然是個謎。最重要的是瑞士自認為是全國武裝中立的關係，希特勒占領瑞士將得不償失，何況各國（包括納粹德國在內）需要瑞士斡旋或維護各交戰國的權益吧。

表 1：2005 年 12 月 31 日估計人口數

旗幟	簡稱	邦郡（以憲法上的順序排列）	加入年代	首　府	人　口	面積（平方公里）	市鎮	語言
	ZH	蘇黎世 (Zürich)	1351	蘇黎世	1,272,600	1,729	171	德
	BE	伯恩 (Bern)	1353	伯恩	957,100	5,959	398	德，法
	LU	琉森 (Lucerne)	1332	琉森	356,400	1,493	97	德
	UR	烏里 (Uri)	1291	阿勒特多爾夫	35,100	1,077	20	德
	SZ	舒維茲 (Schwyz)	1291	舒維茲	137,500	908	30	德
	OW	上瓦爾登 (Obwalden)	1291	撒爾能	33,300	491	7	德
	NW	下瓦爾登 (Nidwalden)	1291	斯坦斯	39,800	276	11	德
	GL	格拉盧斯 (Glarus)	1352	格拉盧斯	38,200	685	27	德

	ZG	祖克 (Zug)	1352	祖克	105,200	239	11	德
	FR	佛立堡 (Fribourg)	1481	佛立堡	254,000	1,671	182	法，德
	SO	索羅頓 (Solothurn)	1481	索羅頓	247,900	791	126	德
	BS	巴塞爾市區 (Basel-Stadt)	1501	巴塞爾	185,600	37	3	德
	BL	巴塞爾鄉區 (Basel-Landschaft)	1501	李斯特	266,100	518	86	德
	SH	夏佛豪森 (Schaffhausen)	1501	夏佛豪森	73,800	298	33	德
	AR	外羅登阿本澤爾 (Appenzell Ausser-rhoden)	1513	哈利奏	52,600	243	20	德
	AI	內羅登阿本澤爾 (Appenzell Inner-rhoden)	1513	阿本澤爾	15,200	173	6	德
	SG	聖加崙(St. Gallen)	1803	聖加崙	460,000	2,026	89	德
	GR	格勞賓登 (Graubünden)	1803	庫爾	187,800	7,105	208	德,羅,義
	AG	阿爾高 (Aargau)	1803	阿勞	569,300	1,404	231	德
	TG	圖爾高 (Thurgau)	1803	佛勞恩費爾德	234,300	991	80	德
	TI	堤奇諾 (Ticino)	1803	貝林卓娜	322,300	2,812	201	義

	VD	沃 (Vaud)	1803	洛桑	654,100	3,212	382	法
	VS	瓦雷 (Valais, Wallis)	1815	錫翁	291,600	5,224	158	法，德
	NE	諾夏德 (Neuchâtel)	1815	諾夏德	168,400	803	62	法
	GE	日内瓦 (Genève)	1815	日内瓦	430,600	282	45	法
	JU	朱拉 (Jura)	1979	德雷蒙	69,100	838	83	法

第二章
帝國統治下的瑞士
早期歷史

瑞士國土上最早有人類遺跡的史蹟可以追溯到舊石器時代。在今日諾夏德邦郡的郭董謝洞穴 (Cotencher Cave) 挖掘到西元前 20,000 年到 4,000 年前的尼安德塔人 (Neandertal Man) 的器具。新石器時代（約在西元前 3,000 年）的農耕遺物也在瑞士被發現過，銅器時代及鐵器時代初期在瑞士山區已經有了經貿的跡象。不過這些遠古時代的居民，是否是現今瑞士人的遠祖，那就難考證。在這段漫長的年代，當時還無法稱為瑞士，至少國家還沒有成形，人民無可稽考，土地也無法確定其範圍，也沒有任何的政治組織統治人民。其語言文化，也無從考據，經濟上更不是渾然成為一體。

到了西元前十六世紀，塞爾特人 (Celts, 又稱凱爾特人 Kelts) ❶ 在阿爾卑斯山地區定居。因挖出鑄幣而證明拉甸(La Tène,在諾夏德邦郡東北部)在西元前 800 年左右已經有貨幣的流通。在雷夢湖 (Lac Léman，又稱日內瓦湖) 也有城市的雛形，日內瓦的早期原形名稱為熱奴阿 (Genua)，與今日義大利地中海的熱內亞

❶塞爾特或是凱爾特屬於印歐族，西元前 2,000 年迄西元前第一世紀散居於現今的歐陸，源自波羅的海、北歐及北海，然後遷徙到歐洲各地。西至愛爾蘭、英倫島嶼蘇格蘭高地、威爾斯、西班牙北部、法國西部布列塔尼 (Bretagne) 半島，東部則在黑海岸邊也留有他們的足跡。大部分塞爾特族在羅馬帝國統治下融合成

英倫人(Britons)、高盧人 (Gauls)、波伊 (Boii) 人、噶拉特人 (Galatians) 及塞爾特伊貝里亞人 (Celtiberians)。西元前十六世紀抵達現今的瑞士。

(Genoa) 來自同一字源。

長久以來，現今瑞士本土的各個邊界，依然還沒有確定，因此各種族穿越瑞士，是否稀鬆平常，人類學家、考古學者當然無法提出明確的考據，在這期間，有的消失了，但是也有像語言那樣仍能繼續保留下來。

第一節　賀維夏

西歐兩大河流起源於瑞士：隆河（法文 Rhône），約 813 公里長，自阿爾卑斯山脈聖格達高地 (Massif du Saint-Gothard) 海拔 1,750 公尺冰川源出，經過日內瓦湖及朱拉山脈南麓流向法國的中央高地 (Massif central)，在里昂 (Lyon) 匯合松河 (Saône) 再往南沿著西阿爾卑斯山脈流入地中海。另一條就是萊茵河（德文 Rhein），約 1,320 公里長，發源於阿爾卑斯山脈聖格達的前萊茵河及阿都拉高地 (Massif de l'Adula) 的後萊茵河，雙雙流經孔士丹茲湖，往西沿著朱拉山脈，然後往北流過德、法邊界從荷蘭出北海。

羅馬駐軍是從兩個衢道自義大利半島越過阿爾卑斯山：一個是取道大聖伯納 (Grand Saint Bernard) 穿過隆河山谷進入上舉的幾個地方；另外一個是經過聖格達山隘接通萊茵河。可是在阿爾卑斯山脈峽谷地帶卻找不到任何羅馬式的城市建築遺跡。原始人類當然都是逐水群居，占據易居行的地帶，瑞士亦不例外，湖邊及平坦的高原，阿爾卑斯山脈高溪谷或是朱拉山脈兩側大致上還無人住居。

根據歷史學家的考據，羅馬帝國未建立前，現今的瑞士居住著從南德遷徙來的塞爾特族的賀維夏人（拉丁

文 Helvetia）❷及雷夏人 (Rhaetia)。西元前一世紀羅馬將軍凱撒 (Julius Caesar, 100～44 B.C.) 征服當時的瑞士，將之稱為賀維夏。今日瑞士國土依然到處留有羅馬帝國的遺跡，像阿旺煦 ❸（Avenches，拉丁文 Aventicum）等地，還遺留下羅馬式古蹟。瑞士在某種程度上可以說是拜羅馬帝國征服之賜而登上世界歷史舞臺。在此之前西元前十六世紀塞爾特人已經出現在瑞士西部的朱拉山脈；隆河及日內瓦地帶的雷夢湖以及東北部的孔士丹茲湖已經有留居在瑞士的塞爾特族，史稱賀維夏人，他們與條頓族 ❹（Teutonic tribes，法文 Teutons）及從現今丹麥的尤特蘭 (Jutland) 基布爾族（德文 Cimbri）同時在歐洲「流竄」，還沒有真正地定居下來。另外瑞士東部則住居著現今極少數還講羅曼許語的祖先雷夏人。

　　在西元前 500 或 600 年賀維夏人移入瑞士。後來經常受到日耳曼蠻族的威脅，準備了三年，於西元前 58 年賀維夏在領袖奧傑多立科斯 (Orgetorix) 領導下，燒毀了十二座城及將近四百個鄉鎮後，預計向大西洋方向，西遷徙到今日法國祖先高盧人住居的高盧（Gaul，法文 Gaule，拉丁文 Gallia）土地肥沃的霞虹特 (Charente) 地方，尋找更空曠的新居，但被羅馬將軍凱撒半途在現今法國松河及羅阿河省 (Saône-et-Loire) 的奧丹市 (Autun) 附近的畢布拉克特（Bibracte，約在朱拉山脈以西 180 公里）截阻住，其實凱撒迫使十一萬的賀維夏人退回留居在瑞士，只不過是凱撒要征服高盧的第一步而已。西元前 15 年蒂北流斯 (Julius Caesar Augustus Tiberius, 42 B.C.～37 A.D.) 及杜魯蘇斯 (Nero Claudius Drusus, 38 B.C.～9 A.D.) 奉羅馬帝國第一位皇帝奧古斯都 (Caesar

❷瑞士的拉丁文拼音是 Helvetia。歐洲汽車牌照都有各國的代號，如德國用 D(Deutschland)，法國用 F(France)，瑞士則用 CH (Confoederatio Helvetica, 瑞士聯邦)，而不是以 S 字母開頭 (Switzerland)。

❸在今日沃邦郡北部。

❹有的學者認為住居古代瑞士的塞爾特族，與條頓同族。在西元前五、六世紀從現今的南德抵達阿爾卑斯山脈以北的瑞士。

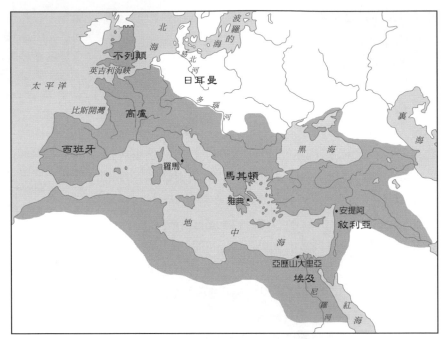

圖7：羅馬帝國全盛時期版圖

Augustus, 63 B.C.～ 14 A.D.) 之命，征服了阿爾卑斯山脈地區，瑞士成
了羅馬帝國領土的一部分，連同現今的法國、英國、西班牙、葡萄牙、
比利時、德國的一部分，北非及南歐一直到中東都在羅馬帝國的管轄
之內。

第二節　羅馬帝國時代的賀維夏

這些被羅馬帝國逐回故土的賀維夏人（瑞士人的祖先），終於臣服
於羅馬帝國。從此而後賀維夏人在羅馬帝國統治下開始急速羅馬化，
至於有否大量羅馬人移居瑞士，無可考，只有少數的羅馬駐軍。在羅
馬帝國統治下的賀維夏人保持某種程度的自主空間，其主要的任務是
防衛日耳曼族的侵襲。在西元前 52 年雖曾參與高盧領袖維散杰多立克

斯 (Vercingétorix) 反羅馬帝國的戰役，但最後還是敗北，歸順成為羅馬帝國的子民。西元前 45～44 年賀維夏人分布在現今瑞士西南部的尼庸 (Nyon) 及西北部今日巴塞爾附近的奧古斯特 (Augst) 建立了軍營、墾殖城鎮，現今仍留有劇場、教堂及浴堂等遺址，從第四世紀賀維夏人開始皈依基督教。西元 17 年在萊茵河畔附近，即今日阿爾高邦郡的溫地戍 (Windisch) 築建軍營及墾殖城鎮，在第六世紀成為主教城。西元 73 年在瑞士西部的阿旺煦建立了羅馬化的墾殖城鎮，人口曾高達五萬多人，其部分遺跡包括可容納一萬二千名觀眾的圓形劇場、浴堂、教堂都還保存下來。原來羅馬皇帝維斯帕錫安 (Vespasian, 9～79)，出身平凡，曾在阿旺煦度過童年，所以選此地建立羅馬式的賀維夏人住居的首邑。阿旺煦不僅是賀維夏人住居的地方，也成了賀維夏人的行政都會。從尼庸、奧古斯特、阿旺煦及馬締尼 (Martigny) 留下來的圓形劇場、公共浴池等古羅馬遺跡，可以證明塞爾特族的賀維夏人深受到羅馬帝國的影響，已融入羅馬文化，賀維夏人拉丁化，也繼承了羅馬帝國拜祭皇帝的習俗祭典，1939 年在阿旺煦挖出奧理略皇帝 (Marcus Aurelius, 121～180) 純金半身雕刻像。

　　賀維夏人在羅馬帝國時代享了將近二百五十年的和平生活，在鄉

圖 8：位於馬締尼的古羅馬圓形劇場遺跡

村地帶的領主領地出現了墅居 (Villa)。可是好景不常，因處於羅馬帝國的邊陲地帶，賀維夏人早就受到日耳曼未開化民族，即阿勒曼人（德文 Alemannen，意即所有的人）的侵襲。當時，阿爾卑斯山脈以北的大小部落居住的地方都遭到阿勒曼人的破壞。羅馬人雖然後來曾奪回萊茵河及多瑙河流域的疆土，然而自此以後賀維夏人及雷夏人所留居的地方已不得安寧，成了武裝防衛的地帶，在北部建立了武裝界牆（拉丁文稱為 Limes）。從出土的遺跡及寶藏來考察，可以測出大約在西元第三世紀（西元 259 年或 260 年）阿勒曼人開始大舉遷移到瑞士。平和的時代終於在西元 259、260 年因阿勒曼人的入侵而結束。

羅馬帝國第四十五位皇帝戴克里先 (Diocletianus)，西元 284 年至 305 年在位，雖在西元 300 年前後，進行革新改造，可是並無助於羅馬帝國在瑞士的賀維夏人及雷夏人住居的省份的安全，賀維夏人往西移向朱拉山脈。雷夏人住居的則分成兩地帶，一部分就是今日的瑞士東部古羅馬帝國的雷夏省，涵蓋包括鄰接德國的博登湖 (Bodensee)、奧地利境內的前阿爾柏 (Vorarlberg) 及瑞士本土的格勞賓登邦郡及堤奇諾邦郡。另外那一部分，則納入古羅馬帝國的阿爾卑斯格拉依阿厄及波阿尼那厄省 (Alpes Graiae et Poeninae)。

現今瑞士北部在阿勒曼人入侵之後，羅馬帝國仍然維持了一百五十年的統治，然而到了西元 401 年屬東日耳曼人一支的西哥德 (Visigoths) 人橫掃義大利，使得本來固守國境的羅馬軍團不得不撤退，自此而後，羅馬等於斷絕了阿爾卑斯山的北側地區和義大利之間的交流。儘管如此，主教區在此之後仍保有聯繫。早在日耳曼君王互選神聖羅馬帝國皇帝前，在羅馬帝國統治末期，約在第四世紀居住在賀維夏的人已逐漸皈依基督教，在第六世紀羅馬化城市的日內瓦、阿旺煦、洛桑、馬締尼、錫翁 (Sion)、奧古斯特、巴塞爾及庫爾 (Chur，法文 Coire) 等地已有主教堂。倒是阿勒曼人住居的地方基督教化較慢發展，僅在孔士丹茲有主教中心，基督教福音在第八世紀初才在烏里山谷地帶傳開來。在法蘭克王國皈依基督教後，傳教士從高盧，甚至從愛爾蘭來

圖 9：聖加崙修道院的圖書館

瑞士阿勒曼族聚居地帶傳福音的漸漸多起來，其中最享盛名的是建造於第九世紀的聖加崙 (Sankt Gallen) 修道院，其圖書館還留存下大量的拉丁文寶貴文獻。第十世紀在舒維茲邦郡的愛吉登 (Einsiedeln) 成了瑞士朝聖地。西元 1000 年，瑞士共有十二個主教管轄區，其中最重要的有四個，即洛桑、孔士丹茲、瓦雷及庫爾。第十二世紀在格勞賓登修建了迪森梯斯修道院 (Disentis-Münster)，這是瑞士本篤會 (Benedictine) 所營建的最古老修道院。從第十五世紀以降在今日瓦雷邦郡阿高納的聖模里斯 (Saint-Maurice d'Agaune) 修道院依然香火旺盛。

　　一直到西元後第五世紀羅馬帝國除了在各地大興土木外，也廣建道路，其中最有名的是從義大利往瑞士西南部必經之地的大聖伯納山，在西元 47 年羅馬皇帝克勞德 (Claudius) 完成車馬可通行的隧道。今日格勞賓登邦郡有羅馬帝國時期留下來的通往羅馬的隧道，如游立葉 (Julier)、斯布旅根 (Splügen) 及上阿爾卑 (Oberalp)。

第三節　日耳曼民族的崛起

一、勃艮第

　　古代的勃艮第人來自波羅的海東日耳曼（條頓）族，在西元第五世紀初，崛起於萊茵河中游及邁茵河 (Main) 流域，於西元 436 年打敗羅馬軍，在羅馬統治末期（約在西元 443 年）定居在古代法國高盧東南部隆河流域及瑞士西部，人口集中在里昂之北。於西羅馬帝國滅亡（西元 476 年）之後，建立了勃艮第王國，並訂定法律，著名的《勃艮第法典》適用於仲裁羅馬裔及勃艮第裔住民的紛爭，這部法典對於以後瑞士西部法語族群的法律發展影響至鉅。坐落於今日瓦雷邦郡的古代聖模里斯修道院建立於西元 515 年，是勃艮第王國的聖地之一。

　　勃艮第及阿勒曼這兩支日耳曼部族僅維持短暫的政治獨立，梅羅溫王朝（Merovingians，481～751，法蘭克王國最初的王朝）於西元 534 年征服勃艮第及君臨阿勒曼。在西元 773 年到 774 年間入侵到今日義大利北部波河流域的倫巴底族，並且將之併入法蘭克王國。

　　雖然為法蘭克王國所征服，但勃艮第仍能保有某種程度的自主權，羅馬的傳統依然盛行。由於勃艮第人口稀少，又遠離本來的部族，屬於塞爾特·羅馬系的語言雖被保留下來，但是勃艮第原來的日耳曼語卻完全消失。文教中心也從阿旺煦移到雷夢湖湖畔的新主教區洛桑，朱拉山脈一帶也聚集了不少修道院。

　　到了第七世紀，瑞士最後成了查理曼大帝（Charlemagne，742?～814，即 Charles the Great）統治下神聖羅馬帝國的屬地，全部皈依基督教。查理曼大帝也是法蘭克國王 (768～814) 及神聖羅馬帝國皇帝 (800～814)。在查理曼王朝（Carolingians，法蘭克王國的另一著名王朝，第八到十世紀）統治的廣大版圖中，瑞士算是邊陲地帶。查理曼大帝亡後約莫三十年，法蘭克王國分裂，於 843 年其孫子簽署了〈威

圖 10：查理曼大帝

爾當條約〉(*Treaty of Verdun*)❺，劃分了大部分今日的
西歐諸國。阿雷河以西的瑞士勃艮第人居地（日內瓦及
瓦雷）屬於洛泰爾一世皇帝管轄下的帝國（中法蘭西亞
Francia Media），萊茵河北、南阿勒曼人住居的地方歸入
日耳曼路易二世的東法蘭西亞 (Francia Orientalis) 王國
的版圖內。

　　古勃艮第王國因為查理曼王朝帝國的分裂，得以再
度成為獨立的王國，但是卻從 888 年到 1032 年這一段
時間，分成由瑞士中西部的勒伊斯河 (Reuss) 到現今法
國東部松河的勃艮第高地及隆河溪谷到地中海的阿萊
(Arles) 勃艮第低地，結合而成的鬆散的勃艮第王國。語
言則是以法國普羅旺斯語的特殊型態保留下來。勃艮第
王國統治範圍也遍及瑞士東部的阿雷河一帶的阿勒曼
語圈，即德意志語圈。由於勃艮第王國的中心是在朱拉
山脈瑞士的地帶，所以勃艮第國王魯道夫二世擁有舊主
教區，就是在沃邦郡的洛桑、瓦雷的錫翁以及朱拉的巴
塞爾的特權。而錫翁在西元 585 年成了主教區，掌握監
督著橫跨阿爾卑斯山脈，大聖伯納及辛普倫 (Simplon)

❺ 843 年 8 月
〈威爾當條約〉將
查理曼王朝劃分
給 路 易 一 世
(Louis I the Pi-
ous) 的 三 位 王
子，也是歐洲統
一帝國分裂成多
國的開始

兩個關鍵的隧道。之後，1032 年神聖羅馬帝國皇帝孔拉德二世 (Conrad II) 征服並繼承了勃艮第。帝國管轄下有眾多的小國成了公爵、伯爵、主教或是修道院長的采地，其他更小的邦國則自神聖羅馬帝國獲得契據 (Imperial charter)，但是，即使受到帝國的管轄，勃艮第、阿勒曼、雷夏及倫巴底經過數個世紀的演變，仍以某種形式存留下來，瑞士就是由獨立自主性高的小邦郡組成的國協或是防衛性邦聯。

在第九世紀到第十四世紀，不少要塞、城堡、修道院及新城鎮在這期間興建，如今還流傳下來，如格勞賓登邦郡的慕斯泰爾著名的聖約翰修道院壁畫就是查理曼王朝時期留下來的，其他如第十世紀後流傳下來的如羅曼磨諦業 (Romainmôtier)、白燕爾 (Payerne) 的勃艮第克呂尼 (Cluny) 式修道院，以及蘇黎世大主教堂 (Grossmünster)、夏佛豪森邦郡、巴塞爾市的主教堂都是羅馬式圓拱厚牆的名建築物。

圖 11：蘇黎世大主教堂

二、阿勒曼

從第五世紀迄第十三世紀，阿勒曼人如前所述是日耳曼族的一支，自今日法、德邊界的亞爾薩斯 (Alsace) 開始移動，在五世紀時越過萊茵河向賀維夏進行侵占行動，可是最後阿勒曼人（德語）❻ 在第五、六世紀交接，即西元 496 年在托比阿克 (Tolbiac) 為克洛維 (Clovis) 所敗，成了法蘭克 (Franks) 王國的子民，不再遷徙，開始耕作畜牧定居在瑞士。接著法蘭克也在第六世紀初征服了瑞士西部的勃艮第人（法語）❼。之後，阿勒曼人慢慢地住居於瑞士的東部，跟勃艮第一樣，保有了某種程度的獨立自主性。其領域其實並不侷限在瑞士東北部，西元 700 年後，還包含今天的巴登 (Baden)、威爾登堡 (Württemburg)、亞爾薩斯。並編纂了獨立於羅馬的法典，稱為《阿勒曼法典》，此部法典反映出阿勒曼人的政治結構，擺脫了羅馬帝國遺留下來的影響。

阿勒曼人不僅在瑞士居於主宰地位，其勢力也往西擴張，在阿勒曼人居住地的語言，即今日的德語逐漸普遍。事實上，在阿雷河及勒伊斯河之間幅員廣大的地帶，長久以來一直是法語（勃艮第人的語言）及德語（阿勒曼人的語言）混在一起使用。而德語與法語的語言界線，直到了西元 800 年及 900 年才在朱拉山脈及阿爾卑斯山脈中間的中部臺地之西確定下來，從瑞士中部的勒伊斯河擴大到西部今日的佛立堡（即自由堡）邦郡境內的沙林河 (Sarine)，這就是今日法、德語系的語言劃分的邊界，直到今天仍是不變。明確地說就是在朱拉山脈的索羅頓邦郡，也就是比爾湖（Biel，法文 Bienne）、諾夏德湖、慕爾騰湖（Murten，法文 Morat）、沙林河及瓦雷

❻ 今日瑞士的德語還盛行口語方言稱為瑞士德語，德國人或是奧地利人幾乎都聽不懂，不過在學校、政府機構或是電視、電臺還是使用標準德語或稱書寫德語文 (Schriftdeutsch)。

❼ 是今日羅蒙瑞士 (Suisse romande) 的祖先，在十九世紀還留存一種法語普羅旺斯方言 (patois)，不過該方言已經完全消失無存。

邦郡中部的馬特洪 (Matterhorn) 高峰地帶為法、德語的分界。今日瑞士
四種國家語文大約在西元 900 年左右確立下來，羅馬語系、勃艮第地
區從拉丁文演變成普羅旺斯方言，而後轉變成與法國的法語相通的語
言，阿勒曼人的德語集中在今日瑞士中東北部，至於東南部的堤奇諾
邦郡，則從高盧・倫巴底 (Gallo-Lombardia) 方言演變成今日的瑞士義
大利語文，羅曼許語則侷限在格勞賓登邦郡內。

　　阿勒曼人受羅馬拉丁化的影響有限，基督教化也較晚，主教地區
如現今阿爾高邦郡的溫地戌，曾受到阿勒曼人的入侵。後來，來自愛
爾蘭班哥爾 (Bangor) 修道院的傳教士聖哥倫巴努斯（Saint
Columbanus，約西元 543～615 年）等十二位（其中包括一位後來有個
城市以他為名的聖加崙 Saint Gallus）於西元 590 年左右，首先在勃艮
第佈教，而後沿著萊茵河來到孔士丹茲湖附近布列根芝 (Bregenz)，最
後還到現今的瑞士聖加崙邦郡大力傳播基督福音，基督教才不至於消
失。他們並在羅馬式城堡孔士丹茲設置了阿勒曼主教區，使阿勒曼在
孔士丹茲湖（又稱博登湖）與萊茵河附近，舊有領地中心地帶，取代
了溫地戌主教區。同樣的，約在西元第八世紀也重新建立了位在阿勒
曼與勃艮第交邊的巴塞爾主教區。之後，在蘇黎世建立了大教堂，在
聖加崙也建立了被定為人類遺產的修道院。聖加崙修道院的圖書館更
是有名，其藝術、詩歌、音樂、繪畫、雕刻、建築等文物至今仍保存
良好，阿勒曼精神與中世紀相調和的景觀，為世人所讚賞。

　　在神聖羅馬帝國統治期間，阿勒曼被冊封為舒瓦本公爵領地，舊
雷夏也隸屬其中。儘管如此，舒瓦本公爵領地卻因為沒有建構繼承制
度，終被施陶菲 (Staufer) 家族王朝於西元 1079 年以後所取代。施陶菲
家族產生了三個神聖羅馬帝國皇帝，即菲德烈一世（Friedrich I，即菲
德烈巴爾巴羅莎 Friedrich Barbarossa, 1123～1190，在位 1155～1190）、
亨利六世（Heinrich VI, 1165～1197，在位 1191～1197）及菲德烈二
世（Friedrich II, 1194～1250，在位 1220～1250），先後推動了神聖羅
馬帝國的義大利政策。此時，特別值得重視的是，舊雷夏在阿爾卑斯

山脈區幾個山隘頂點，特別是西元 1200 年左右開闢的聖格達山隘，另外在神聖羅馬帝國統治下的都市，包括蘇黎世、索羅頓、伯恩，或是帝國所管轄的土地如烏里、舒維茲，也形成了一種施陶菲模式的緊密關係。

三、雷　夏

阿勒曼族占據萊茵河及阿雷河之間的廣大地帶，到了第十三世紀終將雷夏人驅入格勞賓登山谷地帶，今日講羅曼許語 (Romansh) 的就是這些雷夏人的後裔。西元前第一世紀到西元第十三世紀雷夏人居住的範圍相當廣大，除了瑞士東部外，還包括現在的奧地利南部堤洛爾 (Tyrol)、前阿爾柏 (Vorarlberg) 及佛琉里 (Friuli)。

雷夏人一直保留羅馬遺風，以庫爾主教區為中心，北至孔士丹茲湖，南至伯尼納 (Bernina) 溪谷地帶。即使在法蘭克族統治下，與勃艮第人及阿勒曼人一樣，也享有高度的自主權。在八世紀羅馬人所編纂的《庫爾居民的羅馬法典》中，曾記載著從聖格達山隘延伸到阿爾卑斯山脈東部的佛琉里地區所使用的語言，是種混合拉丁語系要素的雷夏語，也就是今日的羅曼許語。庫爾主教區掌握著雷夏地區的實質統治權，但是到了西元八世紀，終於落入法蘭克王國手中。

在中世紀，拉丁羅馬雷夏人盤踞格勞賓登的高山谷，過著獨立於世的自主生活，頑強地存活到今日，羅曼許語言雖然受到德語與義大利語同化的威脅，但還是留存下來。高山谷地帶雷夏人甚少來往，以致羅曼許語也有各種不同的書寫方法，迄今還沒有統一的羅曼許語。

四、倫巴底

日耳曼人的一支隆歌巴 (Longobard) 族，約在西元 568 年入侵波河 (Po) 流域，並奪取了現今瑞士堤奇諾邦郡南部的溪谷一帶地域。約在西元 590 年貝林卓娜 (Bellinzona)，成了隆歌巴族的邊境要塞。倫巴底人 (Lombardia，源自隆歌巴族)，一直留居瑞士阿爾卑斯山脈南部

溪谷地帶，西羅馬帝國滅亡之後，則隸屬於米蘭 (Milano) 及戈磨 (Como) 兩大主教的領地，仍保有拉丁風格。在隆歌巴族統治下，與庫爾主教區的邊界有了區隔，結果庫爾主教與原本歸屬於雷夏南部地區脫離了關係，大約在西元 800 年左右，阿爾卑斯山脈在今日瑞士堤奇諾邦郡及一部分格勞賓登邦郡南方地區，幾乎都屬於戈磨主教或是米蘭大主教的領地範圍。如此一來，使用倫巴底方言的這些瑞士南部人，與倫巴底結成一體，在法蘭克人統治下經歷了共同的命運，後來法蘭克王朝分裂，倫巴底在北義大利獨立，更於西元第十世紀中葉以後，又被納入了德意志王的神聖羅馬帝國。從原本為主教區，在中世紀逐漸地發展出都市、獨立國家。可以確定在西元第十二世紀，位於今日堤奇諾邦郡的都市或是溪谷地帶的貴族，曾尋求自治運動，但是，到最後卻於西元 1334 年到 1340 年之間，為米蘭公爵維斯孔帝 (Visconti) 家族所管轄。米蘭公爵主要是負責管理經營其領地及擔任聖格達山隘的行政執行官。

第四節　統治瑞士的四大封建家族

西元第十世紀以後，歐洲的政治經濟開始穩定，到了第十四世紀黑死病流行之前更有顯著的成長，在農業技術上，施行以三年輪耕作為基礎的集約農業，因生產力的提升，農民也能從事手工業和商業這些非農業的經濟活動。隨著地中海貿易的活躍、以物易物的經濟型態轉換成貨幣經濟型態，使得瑞士快速有了都市集聚的現象，從前主教所在地，如日內瓦、洛桑、錫庸、聖加崙、庫爾、孔士丹茲等地逐漸繁榮，人口也快速增加。

總而言之，從第十一世紀而後將近五個世紀，瑞士雖臣服於日耳曼君臨下的神聖羅馬帝國，帝國卻漸漸式微，使得瑞士成了一個鬆懈類似獨立自主的政治實體，在經濟發展的同時，也漸次邁向政治自立。在西元第十二、十三世紀四個主要封建領主柴林根、薩瓦、基堡及哈

布斯堡❽家族王朝崛起，分別統治瑞士。實際上在第十一、十二世紀時這四家有權勢的封建領主已各自在瑞士建構新城池，以確保商人經貿的路途安全。城堡成了捍衛新增土地的軍事重鎮，進而擴大家族王朝的勢力。

　　然而像其他歐洲中世紀的封建體制，雖然都市大部分由主教及公爵、伯爵家族所有，可是都市居民經過長期奮鬥，終於獲得警備或是市場的規範由都市自行負責，稅賦自主，自定法律規章等權利，但形式上依然效忠神聖羅馬帝國皇帝。十二世紀以後，特別是十三世紀，治安與市場督導權轉移到由騎士、商人所組成的市參事會手中，其終極目標當然是脫離主教、公爵、伯爵領主而自立，也就是形式上仍直接受神聖羅馬皇帝管轄，但擁有最高司法裁判權（如死刑）及貨幣鑄造權，因此市參事會的自主和領主相互對立。這種情況是全歐洲性的，在瑞士地區，西元 1218 年柴林根家族沒落後，蘇黎世、伯恩及索羅頓等地脫離領主自治，率先直屬於神聖羅馬帝國。之後巴塞爾 (1390)、夏佛豪森 (1218)、琉森 (1290～1332)、祖克 (1415)、聖加崙 (1415～1417)、佛立堡 (1478)、庫爾 (1464)、日內瓦 (1504～1534) 先後也直屬於神聖羅馬帝國下。然而，也有像萊茵河畔的斯坦、溫特圖爾等還依附在領主手中，另外也有像主教都市如洛桑還為世襲主教所管轄。

一、柴林根家族 (1098～1218)

　　從第十世紀柴林根家族的名稱就可考，據稱源自今日德國黑森林佛萊堡已荒廢的古堡，於西元 1120 年重建，而後在德瑞邊界的孔士丹茲湖及巴登之間漸次地興建了頗具規模的城堡，成了歐陸商賈進出的交流站。第

❽Habsburg 又拼成 Habichtsburg（即鷹堡），1020年鷹堡由史特拉斯堡的主教維爾納 (Werner) 籌建。

十一世紀，封建貴族多半建立各自王國，並帶動都市建設運動。早在1157 年柴林根的博特多四世公爵 (Berthold IV) 在占有自然防衛優勢的沙林河旁築構佛立堡，另外四周有堅固牆堡的慕爾騰也成了柴林根家族的西部重鎮。西元 1191 年又建構坐落於容易防衛的阿雷河的伯恩城堡，1180 年琉森因盤據瑞士中部位居陸路及水運要津而興盛起來。但在 1218 年家族卻無法維持權力而崩盤消失。

二、薩瓦家族王朝 (1003～1536)

柴林根王朝沒落後，其版圖由兩個崛起家族王朝瓜分，在第十一世紀末葉瑞士最西部的薩瓦家族，其勢力範圍涵蓋日內瓦、慕東 (Moudon)、易北冬 (Yverdon) 及瓦雷地帶，劃入拉丁語系的法語勢力範圍。在第十三世紀中葉薩瓦家族老么，綽號「小查理曼」(petit Charlemagne) 的比葉二世 (Pierre II de Savoie) 從其慕東及錫庸 (Chillon) 城堡發跡，晚年被封為薩瓦伯爵 (Comte de Savoie)，擁有傳統的領地，如西元 1033 年皇帝冊封給予日內瓦以東的沃邦郡，1285 至 1359 年在沃邦郡有過輝煌的一段歷史，穿越阿爾卑斯山的大聖伯納及小聖伯納隧道，及雷夢湖周圍都是其管轄地。另外薩瓦王國領土的東北邊界線銜接阿雷河，沿著伯恩邦郡，通往瓦雷中部，成為神聖羅馬帝國西南角的一大勢力。之後薩瓦家族王朝大權又回歸到嫡系伯爵之手。薩瓦家族王朝在 1350 至 1450 年的一百年間非常興盛，西元 1424 年阿美德八世 (Amédée VIII) 不僅晉身為公爵，晚年還當了羅馬教皇。

三、基堡家族 (1053～1263)

柴林根王朝的另一部分版圖由東部的基堡家族取而代之。瑞士的東北部溫特圖爾、祖克、阿爾勞 (Aarau) 及巴登，都在基堡王朝的管制之下，納入德語系統範圍，但在柴林根王朝消失不久，十三世紀中葉基堡也急速式微，終於在 1263 年王朝覆亡。

雖然基堡家族很快衰亡，但瑞士在第十三世紀卻興建了不少新都

市，不過留存下來的倒不多。隨著都市的興起，連阿爾卑斯山脈地帶也出現了一些沒有圍牆的市集，大半是農民集聚的定點。

在中世紀末，形成以商業和手工業中心為主的都市，但人口還是非常有限，據估計，巴塞爾約有 9,000 到 12,000 人，日內瓦約 4,500 至 8,500 人，蘇黎世、伯恩、洛桑及佛立堡都在 5,000 人上下。

四、哈布斯堡家族王朝 (1020～1474)

雖然薩瓦家族在瑞士西部的影響力還持續不衰❾，但是取代基堡家族的哈布斯堡王朝卻漸漸的在歐陸興起。哈布斯堡王朝的名字起源於史特拉斯堡 (Strasbourg) 的維納主教 (Bishop Werner) 於 1020 年在瑞士阿雷河，即現今阿爾高邦郡境內阿雷河、勒伊斯河及林馬特河 (Limmat) 匯流的戰略地帶，建立哈布斯堡城堡❿。維納主教的侄兒也同名叫維納，是第一位哈布斯堡伯爵，於 1096 年去世。早先的城堡控制了東西交通樞紐，透過聖格達要隘及瓦倫湖 (Walen)、蘇黎世湖 (Zürich) 控制了南北歐通衢要道，與日耳曼及法蘭克王國的大都會有聯繫。哈布斯堡家族透過與王公貴族的聯姻，把連茲堡 (Lenzbourg)、基堡等式微的家族版圖，納入其勢力範圍，進而擴大政治實力。就在柴林根王朝覆亡的 1218 那一年，哈布斯堡的魯道夫伯爵 (Rudolf, 1218~1291)⓫出生，1263 年承繼了基堡王朝的地盤，終於在十三世紀末成了主宰瑞士政治軍事勢力家族王朝，1273 年揮軍君臨巴塞爾主教的管轄區時，有了大變化，原來魯道夫伯爵被徵選為德意志的國王及神聖羅馬帝國皇帝，改稱為魯道夫一世 (Rudolf I，在位 1273～

❾ 雖然薩瓦王朝的發祥土地在第十九世紀併入法國，但是薩瓦王室依然統治義大利至 1946 年。

❿ 根據德胡之蒙的寫法是 1025 年，在瑞士古羅馬的駐軍城寨溫地戌附近建造城堡。

⓫ 1218 年魯道夫誕生於黑森林 (Limburg im Breisgau)。其父阿爾伯四世 (Albert IV) 於 1240 年死時，他繼承了亞爾薩斯、瑞士及斯瓦比亞 (Swabia) 等土地。1273 年被選為德意志國王及神聖羅馬帝國皇帝（魯道夫一世），才結束了將近二十年德意志無君王統治的時代，世稱大空檔時代 (Great Interregnum)。

圖 12: 魯道夫一世

❶到了十六世紀
哈布斯堡王朝在
神聖羅馬帝國皇
帝 查 理 五 世
(Charles V, 1500
～1558) 及其子
西班牙國王菲立
普 二 世 (Felipe
II, 1527～1598)
時版圖擴大，王
朝的勢力範圍實
際已經遍及全
球，特別是美洲。
哈布斯堡王朝一
直延續到二十世
紀的奧地利。

1291)，因此哈布斯堡王朝的政治企圖心再也不侷限於瑞士❶。

有些如蘇黎世及伯恩享有自治的自由城邦，更遙遠的孤立山地邦郡也實際上等於自治狀態，如在琉森湖的森林邦郡，其中的烏里邦郡早在西元 1231 年因為位於聖格達山隘，神聖羅馬帝國皇帝給予正式保障自主的權益。雖然在 1276 年曾試圖宰制當時的封建領主權，勢力及土地的擴大危及中部一些瑞士獨立自主的社群政治實體 (communities)，為了抵制哈布斯堡王朝的侵略，更為了圖存、捍衛既有的獨立自由，三個環繞著琉森湖的森林邦郡烏里、舒維茲及下瓦爾登於魯道夫一世逝世的 1291 那年結盟相互支援防衛故土，終於促成瑞士邦聯的成立。

接著在十四世紀 1351 年蘇黎世、1352 年格拉盧斯、1353 年伯恩、1352 年琉森及 1352 年祖克先後與原始三邦郡結合成八大邦郡同盟。到十五世紀末 1481 年佛立堡及索羅頓也加盟。至 1474 年哈布斯堡王朝因為無法應付深奧山區瑞士人民的游擊戰，終於放棄收編當

時的封建領主，因而瑞士有了實質邦聯的自治政體，但名義上仍依附在神聖羅馬帝國下。雖然今日瑞士的國慶是以 1291 年 8 月 1 日原始三森林邦郡結盟成鬆懈的防衛共同體為紀念日❸，不過瑞士作為一個有了雛形的統一國家，也是經過一個世紀左右，於 1350 年到 1481 年，才漸次形成十個邦郡的邦聯體制國家，實際上其國土疆界，也要等到十五世紀才有了部分與外國接鄰的固定邊界。

　　在中世紀封建體制下，特別是第十二、十三世紀商業及手工業興起，資產階級 (Bourgeoisie) 抬頭，這些新市民階級在大都會開始爭取政治權力，譬如蘇黎世掙脫女修道院 (Fraumünster) 的權柄，不再受制於封建領主的土地制約，成了真正的自由市，神聖羅馬帝國的式微也讓這些新都市享有了司法自主權，成了名副其實的都會共和體制。

❸1891 年才正式宣布 8 月 1 日為瑞士的國慶日。

第三章
中世紀時期的瑞士
(1291～1515)

　　中世紀瑞士的形成不是源自都市的結盟，瑞士的起源來自自由農民（更確切的說應該是自由農牧民）為了防衛自由身分而建構的。在中世紀，居住在瑞士阿爾卑斯山脈峽谷地勢特殊，與外界隔離的農民，已經享有在神聖羅馬帝國管轄下，完全自治的自由農民身分。這些農民擁有某種程度的財產權，對皇帝有從軍和納稅的義務，然而依各地的組織不同，可自行行使裁判權。

　　從中世紀初期之後，瑞士有一部分是阿勒曼人貴族的領地，而法蘭克王朝貴族占領瑞士時，在阿爾高及瑞士西北部同樣已有自由農民階層。然而並不是所有居住在自由地區或自由裁判區內的人，都享有自由，大多數居民仍是非自由人（但不一定要限居在農村），須向領主納貢盡納稅義務。後來封建體制確立，自由農民才逐漸減少。史學家一直有爭論，到底中世紀初期（五至十世紀）後，阿爾卑斯山脈的森林地帶（特別是瑞士三個森林原始邦郡）是否還有自由農民，值得進一步探討。不過中世盛期時，歐洲各地出現了另一種型態的「自由農民」，可以「自由開墾的人」稱之。在人口壓力之下，村落過於密集，乃有前往阿爾卑斯山脈及朱拉山脈未開發的地帶開墾之舉。這些由貴族、領主或神職人員所領導的開墾隊伍，在新天地被賜予自由特權，

從不自由的身分解放出來，終於形成了村落或溪谷的共同社會群體。在十三、十四世紀說德語的瓦雷人大規模的遷移開墾就是個例子。他們從瓦雷遷徙到蒙特羅沙南麓溪谷地帶，然後往伯恩高地移住，甚至還進入了雷夏的疆域（現今的格勞賓登邦郡）。

在瑞士中部阿爾卑斯山脈森林邦郡湖邊峽谷地帶交叉著經濟與政治利益的糾葛，首先從西元 1200 年代，聖格達山隘通後，經濟大為活絡起來，阿爾卑斯山脈南北麓通了，等於擴大經濟範圍到義大利北部的波河平原地帶。經濟的現實利益也牽涉到高山牧地的紛爭，其中以舒維茲與愛吉登修道院引發的「疆界之爭」最為有名。

住居阿爾卑斯山脈地帶的大多是農牧民，當初為了改善經濟條件，乃向山脈高地發展農耕，聖格達山隘通後，市場活絡，農民也轉向畜牧酪農發展。酪產品、家畜運送到都市村落去。阿爾卑斯山脈漸漸成了純粹的「牧人之地」。在寬闊之地，勇武敏捷的牧人成了以後瑞士到國外謀生的職業傭兵。

以農牧業為主的經濟形態自然不同於其他經濟活動的社會組織。山區農牧業對於牧人而言，最重要的莫過於集體聚會討論議決公共權益的議題，通常在春季牧園草積雪開始溶解時，共同聚會解決上年度收成的分配工作，集體修復山路，維修高山的牧屋，指派牧人及決定牧群上山放牧❶日期，保護牧草，用水的分配及維護產品獲利價格等等，包括山谷流水的疏導以及森林的維護，這種集體運作的社會組織形態的習俗迄今依然留存下來，就像灌溉系統對水稻耕作的不可或缺，也同樣影響日本社群 (community) 的連帶團結意識一樣。這種農牧社群共同體 (community) 或同業公會 (guild) 聚會討

❶這種春後帶領牧群上山畜牧的放牧期活動稱為山牧季移。

論議決公共事務的傳統，通稱為直接民主，也是日後瑞士直接民主體制的濫觴。在這一集體聚會討論的都是當時牧人最關切的經濟議題，當然也涉及政治性的問題，如界定私人財產及公共設施，一般而言牧人的私有財產相當有限，集體維護司法以及獨立自主的政治暨管理體制於焉誕生。由於事關全民權益，因此不管是貴族仕紳或是自由牧人、農奴（牧奴 serf）都同席參與。所謂的自由牧人是不隸屬於封建領主的地主或是牧人，基本上自認與貴族仕紳享有同等的社會地位。失去社會地位的自由牧人就變成牧奴，可是在中世紀的瑞士森林邦郡，牧奴及自由牧人幾乎無區隔，至少比別的平原邦郡更少區別，因牧人隨牧群走動，自然比瑞士平原的人行動更自由，也經常帶有狩獵的或戰爭用的武器。在修道院管轄區的牧奴其實與自由牧人享有同樣的地位。大部分溪谷的共同社群都隱藏有通往阿爾卑斯山脈的道路。

從第十二世紀開始到十三世紀，一些高原放牧地的團體、森林團體和村落團體等結合成峽谷的共同社群。這些都是以當地的豪族為基調組成的共同社群，如舒維茲的舒淘發赫 (Stauffacher) 豪族，烏里的福爾斯特 (Fürst) 及阿亭豪森 (Attinghausen) 豪族以及下瓦爾登的沃爾芬希聖 (Wolfenschiessen) 豪族等。

不僅是舒維茲、烏里及下瓦爾登盛行共同社群，連同互雷北部，阿爾卑斯山脈東部（堤洛爾）都組成共同社群，農牧享有自由特權，不過可以獲得神聖羅馬帝國皇帝頒給特許的並不多，例如西元 1231 年神聖羅馬帝國皇帝菲德烈二世 (Friedrich II) 頒給烏里特許狀，1240 年頒發給舒維茲特許狀 (Freibrief von Faenza)。此種特許狀給予共同社群擁有印鑑和軍旗以及個別的徵募兵制度和最高司法權。自由農牧共同社群的領導豪族等於繼承了封建領主的職位。

第一節　三個原始森林小邦郡結盟的緣起

西元 1239 年神聖羅馬帝國皇帝菲德烈二世被羅馬教皇❷兩次逐出教會，因而神聖羅馬帝國陷入分裂的狀態，固然也有安定期，但無法持久。在這混亂中，各地領主崛起，1278 年魯道夫國王又將奧地利納入版圖，使得哈布斯堡王朝家族成為神聖羅馬帝國中最強勢的王國。

一旦羅馬教皇和神聖羅馬帝國皇帝對立，各地，特別是北部德意志諸侯領主都必須表態。在神聖羅馬帝國陷入危機時，都市商業活動安全嚴重受到損害，因此受到威脅的各都市自然結盟，在阿爾卑斯的北部及北義大利的戈磨乃形成「都市同盟」自治共同體。都市同盟是經由兩個或兩個以上的都市共同維持領域的和平、相互支援，且有規定仲裁裁判，也包含經濟上的協定。十三世紀中，北海、波羅的海（漢撒同盟）、萊茵河下游、佛蘭德、孔士丹茲湖周邊，還有勃艮第地帶都出現了類似的同盟。

今日瑞士聯邦的國慶日是 8 月 1 日，這是 1291 年瑞士中部三個原始森林小邦郡烏里、下瓦爾登、舒維茲歷史性結盟（又稱「永久同盟」）的紀念日，可說是瑞士建國的濫觴紀念日。如在導論所提，談起瑞士歷史大多會聯想到威廉特爾的傳說，此一抗暴傳說至今依然流傳於瑞士開國源起地之一的中部烏里邦郡，今日在其首府阿特道夫還留存著紀念建築物 (monument)。無疑的到達自由之路，瑞士人民也曾經歷過一段坎坷曲折的路程！

❷天主教一般都將 Pope 翻譯成教宗，但是在中世紀時代 Pope 的世俗權威高於各國王公貴族，所以本文在談及宗教改革時用教皇，而不用教宗，較接近當時政教時代的氣氛。

威廉特爾的傳說據稱在十四世紀後才傳開來，但是今日瑞士的建國史卻是以 1291 年烏里、下瓦爾登、舒維茲瑞士中部山嶺地帶的三個森林農牧小邦郡結盟為建國年代，比十四世紀的傳說時間還早。

傳說歸傳說，其實今日瑞士作為聯邦體制的國家其確立卻相當晚近，1848 年以前的瑞士只不過是幾個邦郡合縱形成同盟或是十幾個邦郡結合成鬆懈的共同防禦邦聯實體而已，無法稱得上一個主權獨立的現代化國家。當時的邦聯，各個邦郡維持高度政治獨立自主性，只是針對個別議題進行協商，類似今日的政府與政府間的接觸聯繫，並無獨立運作的聯邦政府存在，統籌協調各邦郡以達整體的最高利益。

嚴格的說，今日的瑞士聯邦國家是在 1848 年才誕生的❸，然而這並不意謂要認識瑞士這個國家，從 1848 年的瑞士歷史切入就可獲得瑞士的全貌。事實上，歷史有其持續性，就算空間（環境）的變化也得從歷史中尋其形成的脈絡。瑞士現代聯邦體制固然始於 1848 年，可是為什麼在 1848 年會形成今日的瑞士聯邦體制的國家，這就得溯及中世紀的瑞士，進而掌握其演進的主軸脈絡。

❸請參閱本書第六章。

第二節 〈永久同盟誓約〉

烏里在中世紀算是個重要的地方。在 853 年日耳曼的路易將烏里贈送給蘇黎世的女修道院。實際上，女修道院長只能自烏里取得一點收入，本身無法統治烏里，換句話說，無法行使軍事權力及維持司法治安，普通都由執行法官 (bailli) 代理。任命執行法官權一般都屬於神

❹通常特許狀都授予君王或是城市，給予農牧社群算是不尋常。這或許與聖格達山隘的重要性有關。

❺六個世紀後，1860年瑞士聯邦政府顧及經濟利益，決定在聖格達山隘開鑿隧道，琉森與米蘭之間的鐵路於1882年5月23日舉行通車典禮。對於瑞士經濟發展貢獻良多。聖格達鐵路隧道是南北歐要衝之一。聖格達在中世紀是瑞士貫穿中部阿爾卑斯山脈的唯一通道，算不上是通行無阻的道路，數世紀來在阿克森柏 (Axenberg) 湖泊旁的懸崖峭壁無法通行，只能用船通湖及蕭樂能(Schöllenen)

聖羅馬帝國皇帝，然後皇帝將此一任命權授予地方領主，一直到1218年柴林根王朝滅亡前，管理烏里地方的執行法官由該王朝任命，之後改由哈布斯堡王朝任命。

但在1231年菲德烈二世以其父亨利六世 (Heinrichs VI) 的名義統治神聖羅馬帝國而直接給予烏里自治的特許狀，哈布斯堡伯爵失去了任命地方執行法官的權力。原本哈布斯堡王朝對皇帝效忠，但是後來哈布斯堡王朝愈來愈強大，威脅菲德烈二世的神聖羅馬帝國，而透過烏里人阿亭豪森穿越阿爾卑斯山脈經聖格達到南境的義大利戈磨城交涉，簽署關卡契約。因此烏里成了菲德烈二世的重鎮，也因拜貫穿阿爾卑斯山脈南北交通要道之賜，烏里抽取關稅致富，適當的給予哈布斯堡伯爵金錢上的補償，所以哈布斯堡對菲德烈二世善待烏里這個農牧社群❹並予以自治的特許狀也默認。對位居阿爾卑斯高山峻嶺地帶，坐落於聖格達山隘❺及琉森湖的山谷烏里、下瓦爾登、舒維茲這三個高山峻嶺地帶山谷小邦郡，又稱為森林邦郡，此一特許狀可說是森林三小邦郡獲取自由的法律根源依據。

1272年烏里拒絕教皇葛利哥里十世 (Gregory X, 1210～1276) 攻擊米蘭的維斯孔帝豪族的要求，這是瑞士最早保持中立的記錄，其實從實際經濟利益（聖格達山隘關卡可抽取巨稅）考量的話，烏里哪有斷絕與米蘭來往的道理。

一般而言，森林三小邦郡人民是神聖羅馬帝國內最有自主權的子民。中世紀晚期的十三世紀末，歐洲的農業生產力漸次提升，都市化也在各地快速展開來，然而當時瑞士還不是個獨立自主的國家，中北部依然是哈布斯堡王朝統治下的采邑屬地，透過行政執行法官或是總

督 (intendant) 實際上直接管治瑞士人民。

　　貫通南、北歐的交通要衝的聖格達山隘沿著阿爾卑斯山脈北麓的勒伊斯河❻經烏里邦郡接琉森湖，然後再經萊茵河往北歐流，事實上瑞士在中世紀不因山嶺險峻而孤立於世，即因為握有此一險要的山隘，其經貿利益對於烏里、下瓦爾登、舒維茲這三個高山峻嶺地帶山谷小邦郡，不待言至為重要，為了固守自由，防衛土地，衝破哈布斯堡王朝的封建束縛，反制壓抑，乃在 1291 年 8 月 1 日趁神聖羅馬帝國皇帝哈布斯堡王朝家族出身的魯道夫於 7 月 15 日逝世，在日耳曼王公諸侯還沒有遴選出神聖羅馬帝國新皇帝之前，三小邦郡的領袖就在烏里湖 (Urnersee) 畔的葛呂特里 (Grütli) 小草原簽署締結一種相互支援的軍事防衛永久同盟 (Eternal Alliance) 的誓約，並宣示獨立自主、共同抵制王侯侵害他們權益的決心，表明世世代代為維護自主結成聯盟。遇有紛爭，請長者化解爭端。此一永久同盟的誓約可說是獨立自主、集體安全與化解紛爭的基石。七百一十多年來，瑞士依此〈永久同盟誓約〉(Federal Charter of 1291) 精神運作，解決內部緊張及化解外來危機迄今，取得輝煌的成果。

　　〈永久同盟誓約〉（原文為拉丁文）稱「以上帝之名，阿門。根據習俗規定，為了完成可敬的行動及有利於公益而確認這以安全與和平為主旨的協議。」然後列舉烏里、下瓦爾登、舒維茲低谷地帶三邦郡的人民為了維護他們的生命財產，宣稱一旦受到外地勢力暴力侵襲時，發誓一定相互援助、支援抵禦外敵。此一原始的同盟拉丁文誓約現保存在舒維茲邦郡的「聯邦憲章博物館」(Federal Charters Museum) 內。

峽谷連接義大利高山谷也難通行。1882 年聖格達隧道完成，今日義大利與瑞士的主要鐵路網也是通過此一隧道才得以通暢無阻。

❻十三世紀初在勒伊斯河上建構了一座令人嘆為觀止的大橋，咸以為是靠魔鬼之手完成的神奇工程。

舒維茲 ▨
烏里 ▨
下瓦爾登 ■

圖 13: 永久同盟圖

　　1314～1315 年間，哈布斯堡家族、維特斯巴赫家族 (Wittelsbach) 及盧森堡 (Luxemburg) 家族為爭奪神聖羅馬帝國皇位繼承權，在瑞士邊境地區經常發生小衝突，導致奧地利哈布斯堡家族的激烈攻擊。三小森林邦郡總共三次成功地擊敗哈布斯堡家族王朝的奧地利軍的進擊：1315 年莫爾加騰戰役、1386 年森巴赫 (Sempach) 及 1388 年內飛爾斯 (Näfels) 之戰。在莫爾加騰贏得關鍵性的戰役後三個星期，也就是 1315 年 12 月 9 日，三小森林邦郡再度發誓維護集體安全，在布魯能 (Brunnen) 再次追認 1291 年的結盟，並擴大結盟的內涵，從消極的和平同盟轉化成積極對付哈布斯堡王朝的防衛同盟，此即〈布魯能公約〉。

第三節　各邦郡自治的興起

一、琉森加入同盟行列

　　三森林小邦郡因日耳曼王公諸侯之間爭奪神聖羅馬帝國的皇位不已，得以保持和平安寧的日子，一旦哈布斯堡王朝危及他們的自治，

就團結武裝抗拒。三森林邦郡在 1291 年後數十年，仍施行一貫的防衛同盟政策，力保身為自由的農牧民身分，確保以前神聖羅馬帝國給予實質自治的權益，敵對有侵占他們領地的奧地利勢力，當然也不信任貴族，與貴族形成對立的狀態。三小森林邦郡捍衛聖格達山隘的經濟實利。基於相同的政治和經濟目的，三森林邦郡在西元 1332 年與亟望脫離奧地利領主統治的都市琉森結盟，琉森成了瑞士中部森林小邦郡的第四個結盟邦郡。

在 1291 年瑞士三森林小邦郡結盟後六十二年之間，其他五個邦郡先後加盟。琉森於 1332 年，蘇黎世於 1351 年，格拉盧斯及祖克於 1352 年，伯恩則於 1353 年加盟，同時各加盟邦郡也漸次掙脫封建諸侯的支配，擴大其實質的自治自主權。最後終於組成八個邦郡的瑞士邦聯，其實只是一種防禦性的鬆散組織，並以舒維茲邦郡為名，就是今日瑞士國名 Switzerland 的由來。

二、蘇黎世與森林小邦郡結盟

同樣的，在四森林小邦郡結盟前後，孔士丹茲湖周圍的都市為了因應哈布斯堡王朝的封建支配，形成以蘇黎世為中心，包括夏佛豪森、孔士丹茲及聖加崙的都市結盟。之後都市結盟更廣泛地擴大到現今的南德。如此一來，蘇黎世和阿爾卑斯山脈的聖格達山隘地區結合成一個經濟共生體。然而因結盟內部有黨派的形成和經濟利益因素，外部又無法信任神聖羅馬帝國的干預政策，因此蘇黎世這種都市結盟經常陷入危險的困境。中世紀的都市都是各自單獨地存在著，與其他都市結盟通常只是為了經濟和商業發展之便。

因為蘇黎世都市同業公會進行市政革新，深怕奧地利領主勢力的反撲，乃求助於戰爭經驗豐富的三森林小邦郡支援，因此在 1351 年與之結成同盟，這個同盟關係，就蘇黎世而言，只是一個生存的選擇，但對四森林邦郡而言，卻是領域擴大到最險要的地區。四個森林小邦郡乃介入蘇黎世和奧地利的紛爭。之後，1356 年因為〈雷根斯堡

(Regensburg) 和平條約〉，奧地利哈布斯堡家族王朝得回早於 1352 年就與瑞士四森林小邦郡結盟的祖克和格拉盧斯兩個據點，而卡爾四世 (Karl IV) 則以承認蘇黎世的都市同業行會和確認蘇黎世之帝國自由城市的特殊地位來回報，蘇黎世也因此約得以確保版圖的完整。

三、伯恩的崛起

在烏里、下瓦爾登、舒維茲三森林小邦郡結盟前，瑞士中西部的伯恩與佛立堡早在柴林根家族王朝式微，西元 1218 年以前就有合作的關係，1243 年到 1245 年間伯恩、佛立堡又與慕爾騰及阿旺煦結合成立了四都市聯盟，之後五十年間，確定了以伯恩為中心的新結盟組織，其範圍涵蓋了索羅頓、比爾及白燕爾等地，伯恩也主導了附近小貴族，周旋於哈布斯堡家族及薩瓦家族兩大封建領主之間，於 1339 年成功地瓦解了勞盆 (Laupen) 戰役中反伯恩的貴族聯盟。此時佛立堡卻加入反伯恩的貴族聯盟。不過爾後伯恩成功的整合了其他屬地，變得非常強大。

1353 年包括琉森的四個森林邦郡及蘇黎世、格拉盧斯、祖克和伯恩結成同盟。從 1323 年開始，當時的三森林小邦郡和伯恩就保持聯繫，甚至在勞盆戰役中提供軍事援助。而 1353 年結成同盟，對森林諸邦郡而言具有屏障西部地區的重要意義。然而就伯恩方面，最重要的目的則是在伯恩鄰近森林三小邦郡的高地 (Oberland) 地方的不受下瓦爾登的干預，無後顧之憂，伯恩才能夠放手擴大其西部的疆土。1536 年伯恩邦郡的軍隊占領了薩瓦公爵的洛桑及其他領地，此時，瑞士已從 1291 年的三個原始森林小邦郡擴大到 1353 年的八個結盟邦郡。

1474 年後哈布斯堡家族王朝無法面對瑞士森林邦郡的軍事抵制，終於放棄瑞士邦郡為其家族的采邑領地，自此而後，瑞士結盟八邦郡表面上直屬神聖羅馬帝國，再也不受哈布斯堡家族宰制，實際上各自擁有自主的空間。再也不受哈布斯堡家族的行政執行法官或是總督的威虐。這個新興的鬆懈邦聯卻在內部產生變化，在抵制哈布斯堡王朝

過程中，都市的產業公會、商人職業工匠漸漸取代了都會邦郡的地方貴族，但是森林小邦郡還保持原有的農牧性格。

第四節　歷經多次戰役後勢力的擴張

在第十四世紀時，琉森於 1332 年、蘇黎世於 1351 年，格拉盧斯、祖克於 1352 年及伯恩則於 1353 年分別加入原始森林三小邦郡同盟，結合成八大邦郡同盟，成功地建立起保護各自邦郡安全的體制。1364 年，舒維茲從奧地利哈布斯堡家族王朝奪回祖克(都市及其管轄地區)，受舒維茲邦郡的保護，為農民共同體帶來了實際利益。之後，1380 年代琉森積極擴展領域，攻克沃爾森 (Wolhusen)，宣稱恩特布克峽谷及前屬哈布斯堡的城市森巴赫的主權。

1386 年 7 月 9 日，奧地利的雷奧珀德三世公爵 (Duke Leopold III of Austria) 召集軍隊，在鄰近森巴赫之處與森林小邦郡發生戰事，也就是著名的森巴赫之戰。農牧民組成的部隊將奧地利騎士部隊打得潰不成軍，這對於德意志貴族聲威是個致命的打擊。奧地利的雷奧珀德三世公爵及為數不少的貴族也在此役喪生。

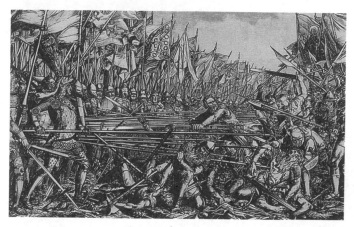

圖 14：　森巴赫之戰

1388 年奧地利阿爾伯三世 (Albert III) 再聚集部隊，試圖進擊格拉盧斯，4 月 9 日卻又在內飛爾斯敗北，格拉盧斯在舒維茲人的協助下取得勝利而能繼續維持獨立，不受哈布斯堡家族王朝的管轄。森巴赫及內飛爾斯兩大戰役證明正規的奧地利騎士軍不堪森林小邦郡農牧民戰士所組成的實力出類拔萃的部隊襲擊。

森巴赫之戰導致「結盟集團」中的都市與森林邦郡產生一種更加強烈的連帶關係，1393 年 7 月八個邦郡及索羅頓都市邦郡訂定了新的共同維持領域和平的〈森巴赫協定〉(*the Sempacherbrief*)。

十五世紀瑞士邦郡聯盟經歷了少有的失敗經驗，他們南侵阿爾卑斯地區，取得波河峽谷北部區域，貝林卓娜與多磨多索拉 (Domodossola) 也落入他們手中。1422 年米蘭領主維斯孔帝公爵在靠近貝林卓娜的阿貝都之戰 (Battle of Arbedo) 勝利後，奪回了整個聖格達山隘地帶。

1415 年統治波西米亞的盧森堡家族的皇帝 Sigismund 唆使瑞士邦郡聯盟對背信的奧地利公爵菲德烈四世 (Friedrich IV) 宣戰，攻占原屬哈布斯堡的阿爾高領地。同年哈布斯堡仍行使若干管轄權的琉森成為自由都市。同年琉森成為自由市，但哈布斯堡王室仍保有若干管轄權。

1386 到 1415 年間，在因應十四世紀的情勢所締結的各協定之下，產生了更穩固的組織，像是共同的軍事行動或是各種仲裁交涉、於阿爾卑斯山方向的征服地與阿爾高等地的共同統治等，皆使得三個都市邦郡與五個鄉區邦郡更加團結。

1414 到 1420 年間伯恩與四個森林邦郡因瓦雷發生的「臘隆戰爭」而陷入了一觸即發的敵對關係。臘隆領主企圖對上瓦雷的隆河山谷地區擴大其影響力，山谷地區農民為了自衛而反抗。對瓦雷而言這並不只是政治利害的問題，更有社會的對立問題交錯其中。烏里、下瓦爾登以及琉森就是傾向於支持瓦雷的自由農民，而伯恩則是站在身為瓦雷首長的自由貴族仕紳一方。

　　瑞士邦郡聯盟在臘隆紛爭時期雖然得以避免內戰，但是後來因各領邦在其領域政策上的對立而起內部糾紛。1436 年拓根堡 (Toggenburg) 領主逝世後，蘇黎世與舒維茲、格拉盧斯因繼承問題而起衝突，1440 年瑞士邦郡聯盟將蘇黎世逐出聯盟並對之宣戰（古蘇黎世戰爭）。1442 年蘇黎世轉而與哈布斯堡結盟。1446 年瑞士邦郡聯盟贏得勝利，蘇黎世也於 1450 年回到同盟，並放棄對舒維茲或是格拉盧斯的領域擴張野心。

　　這個戰爭顯示了邦郡聯盟已經變成政治結盟，變得比從前更加穩固，不能容忍任一邦郡的脫離，蘇黎世也知道若是採和同盟不相符合的步調行事對自己而言是不利的。此後，邦郡聯盟的領域藉由各種像是加入同盟、購入領地或是征服的手段擴大了不少。由 1451 年到 1466 年新加入的同盟有聖加崙修道院及城市、夏佛豪森、佛立堡、萊茵河的斯坦因 (Stein am Rhein)、舒瓦本地區的羅特薇爾 (Rottweil)、亞爾薩斯的謬盧斯 (Muhlouse) 等各都市。

　　各個邦郡也分別向四面八方擴張其統治領域。1403 年烏里購得勒文提那 (Leventina)，而首次打開與雷夏地方各同盟接觸的通道。邦郡聯盟的勢力推展到廣大的博登湖與萊茵河，更越過了萊茵河的橋頭堡。在朱拉地方，一直到諾夏德湖的丘陵地帶，都成為邦郡聯盟所有。

　　1460 年邦郡聯盟又再次因為教會與貴族的爭執而得利，獲得東北部的圖爾高和東部的撒根斯 (Sargans) 地區，蘇黎世則購得溫特圖爾都市，由巴塞爾到庫爾除了少部分地區外，邦郡聯盟的邊界已及於萊茵河。

　　1476 年以伯恩為首的瑞士同盟各邦郡聯合向勃艮第公爵 (Duke of Burgundy) 綽號為「膽大的查理」(Charles le téméraire) 發動戰爭，在格藍松（Grandson，在今日諾夏德湖西南岸）瑞士步兵用長矛擊敗了勃艮第的騎士，又在伯恩西部的慕爾騰決戰獲勝，最後 1477 年在南錫（Nancy，今日法國的重要城邑）協助羅林公爵 (Duc de Lorraine) 擊斃「膽大的查理」。

圖 15：膽大的查理

擊斃了「膽大的查理」，更加鞏固了瑞士邦聯，加深了各邦郡間的共同利益連帶感。1476～1477 年對勃艮第戰爭可說是瑞士戰史上具有輝煌一頁的戰役。當時民間留下這樣的押韻傳話：「膽大的查理」在格藍松失去其地 (Gut)，在慕爾騰喪了士氣 (Mut 勇氣)，最後在南錫丟了命 (Blut 血)。(Karl der Kühne verlor, bei Grandson das Gut, bei Murten den Mut, bei Nancy das Blut.)

勃艮第公國受此重創，意外獲利最多的是法王路易十一世 (Louis XI)，不過對瑞士而言，不僅獲得豐盛的戰利品，金銀財寶不計其數（有軍事專家估計約十五萬佛羅林，約值數百萬今日瑞士法郎），一萬多匹戰馬，格藍松、慕爾騰等地由伯恩邦郡及佛立堡邦郡共治，也開啟了擴大到現今瑞士西部的影響力，將日內瓦及沃邦郡納入聯邦的勢力範圍。繼之堅定了邦郡結合力量共同抗拒神聖羅馬帝國皇帝馬克西米廉一世 (Maximilian I, 1459～1519) 併吞瑞士的決心。

第五節　瑞士同盟危機

中世紀封建諸侯體制下的瑞士東部除了哈布斯堡王朝統治外，西部則由薩瓦王朝支配。

1273 年哈布斯堡家族王朝的魯道夫伯爵被選為德意志的國王及神聖羅馬皇帝，改稱為魯道夫一世，1278 年戰勝波西米亞奧圖卡二世 (Ottokar II) 奪取了包括奧地利、史特里亞 (Styria)、卡林提亞 (Carinthia) 及卡爾尼奧拉 (Carniola) 等公國，一直到 1918 年哈布斯堡王朝還擁有這些版圖。

　　從 1474 年哈布斯堡王朝因為無法應付山區瑞士人
民的游擊戰，終於放棄收編當時的封建領主，因而瑞士
有了實質邦聯的自治政體，但名義上仍依附在神聖羅馬
帝國下。

　　可是在十五世紀末，瑞士八個邦郡同盟幾乎為了兩
個申請加入同盟的都市邦郡佛立堡及索羅頓而引發內
戰。在伯恩力戰勃艮第公國之時，得助於佛立堡及索羅
頓甚多，基於共同利益，乃力促兩個邦郡加入瑞士邦聯。
1481 年 12 月 22 日八個邦郡的瑞士同盟幾乎為了申請
加盟案有齟齬，其實是因瓜分戰利品而引起各邦郡間的
爭端，惡化至幾近內戰邊緣，幸賴瑞士隱士佛呂的尼可
勞斯 (Nicholas of Flue)❼介入，於 1481 年在斯坦斯
(Stans) 向瑞士同盟的同盟議會呼籲放棄訴諸武力，用理
性妥協方式解決紛爭。他建議兩個要加入的城市邦郡不
可私下結盟，對於八大同盟邦郡採取中立立場，放棄介
入他人的紛爭，如此總算終結了一場極可能引發戰爭的
暴亂。在尼可勞斯的調解下，佛立堡及索羅頓於 1481 年
加入瑞士同盟。

　　到了十六世紀初，另外兩個城市邦郡，巴塞爾（又
分成鄉區 Land 及市區 Stadt）及夏佛豪森於 1501 年加
入同盟。農村阿本澤爾邦郡 (Appenzell)，後又分成內羅
登阿本澤爾及外羅登阿本澤爾，也於 1513 年加入同盟，
至此共有十三個邦郡結成鬆懈的軍事防禦共同體，並無
一個協調的中央組織。各邦郡依然維持獨立自主的政治
體制，總算能更有效地抵抗中世紀的封建王侯的支配。
經過兩個多世紀的運作，有些漸漸形成了以都會為中心
的邦郡，與那些還停留在農牧耕作的原始三大邦郡有了
鴻溝差距，到了宗教改革時期，天主教與倡議改革的基

❼尼可勞斯隱士
育有十個孩子，
而後卻遁隱山
洞，1948 年梵諦
岡天主教追諡為
聖者，今日被尊
為瑞士中立的先
行者。

督新教邦郡之間的對立更加嚴重。

　　中世紀的瑞士不是想像中的愛好和平，在十六世紀法國與義大利間戰爭頻繁，瑞士傭軍為法國效勞。1500 至 1512 年間瑞士邦聯各邦郡趁北義大利混亂瓦解之際，攻取了阿爾卑斯山脈以南的貝林卓娜、羅卡諾 (Locarno) 及盧加諾 (Lugano) 等地，成了今日瑞士義大利語區的堤奇諾邦郡秀麗的觀光地。尼可勞斯在 1481 年曾呼籲瑞士邦聯：「不要擴大版圖，要在和平及寧靜中緊密團結在一起。不要依賴外國君王。保有國家，防衛國家，不要有踰越。」遺憾的是瑞士不知記取他的炯智之言，依然妄想耀武揚威，終於在 1515 年馬麗釀諾一役敗下陣來。瑞士邦聯從此才放棄黷武擴張領土的傳統，開始採納新的文明和平中立政策。

　　之後在 1803 年共有六個邦郡加盟，即聖加崙、格勞賓登、阿爾高、圖爾高、堤奇諾及沃。1815 年維也納會議那一年又有三個法語邦郡加盟，即日內瓦、諾夏德及瓦雷，最後一個是從瑞士最大邦郡伯恩以民主公民投票和平方式脫離，成了一個獨立自主的邦郡，即法裔朱拉邦郡，於 1979 年成了瑞士最後一個加盟的邦郡，連同半個邦郡在內，共有二十六個邦郡。

　　一直到 1815 年，經過五個世紀的軍事防禦聯盟的經驗，實際上瑞士已經形成一種命運共同體，各邦郡在受到外來威脅時，都能夠一致禦外。

第六節　中世紀瑞士的傭兵傳統

　　瑞士農牧軍驍勇善戰從中世紀就聞名於歐洲，1315 年於莫爾加騰或是 1386 年於森巴赫及 1388 年在內飛爾斯的戰役中贏得盛名。各邦郡在戰爭中取得輝煌的成果後，又因深山生活困苦，到外國當傭兵的瑞士人 (Switzers) 從十四、十五世紀開始急增，主要受僱於歐洲各封建諸國，今日義大利教廷梵諦岡 (Vatican) 的護衛兵大多數都是瑞士人，

圖 16: 馬麗釀諾之役

也是中世紀留下來的傳統。

　　瑞士傭兵善戰的名聲在十五世紀傳開後，又兩度擊潰強盛的勃艮第公爵綽號為膽大的查理的軍隊，其善戰的名聲達到頂點。在 1476 年及 1477 年瑞士傭兵在南錫協助羅林公爵擊斃膽大的查理。

　　後來哈布斯堡的神聖羅馬帝國皇帝馬克西米廉一世想在瑞士課徵稅賦及撤銷瑞士政府的權力，卻遭到軍事抵制，於 1499 年在都爾納赫 (Dornach) 敗北，不得已於 1499 年 9 月 22 日在巴塞爾簽署和約，幾乎被迫承認瑞士的獨立自主。在 1512 年瑞士同盟軍與教皇共同擊退侵占義大利北部的法國路易十二 (Louis XII) 軍隊。在短短的三十五年間瑞士傭兵竟然擊退歐洲三大王權，1515 年替米蘭的統治者斯佛扎 (Massimiliano Sforza, 1493～1530) 奮戰，不過卻在馬麗釀諾敗於法國佛蘭梭一世 (François I) 結合步兵、砲兵及騎兵的新戰術。自此而後，瑞士再也不參與歐洲戰事，不過在中世紀瑞士兵驍勇善戰的軍威盛名遠傳各國，使之爭相聘雇瑞士職業傭兵。根據專家的估計，在十五世紀到十八世紀瑞士共有二百多萬職業傭兵，七萬名軍官，七百多位將

軍，1859年瑞士聯邦政府禁止瑞士公民當外國傭兵，不過當羅馬梵諦岡的瑞士護衛士是個例外。

從1515年後迄今，將近五個世紀，瑞士放棄軍事擴大策略，保持中立，在國際舞臺上採取沉寂政策，固然中立原則得以確立，但是瑞士卻繼續「輸出」傭兵（個別及整個兵團）。對無自然資源，土地又貧瘠的農牧森林邦郡而言，傭兵成了必要之舉，年輕力壯戰術優越的傭兵，不僅可以謀生餬口，又可寄軍餉所得回瑞士養家。五個世紀來迄二十世紀第一次世界大戰為止，包括美國的內戰在內都有瑞士職業傭兵的「輝煌」記錄。與瑞士的銀行保險齊名，但有時卻是被挖苦的對象。參與大小戰役並不是為了理想、正義理念，而是為了餬口，因此法國十七世紀名作家拉辛 (Jean Racine, 1639～1699) 在其喜劇《訴訟者》(*Les Plaideurs*) 第一幕就有挖苦瑞士人「沒錢，就沒有瑞士人」(Point d'argent, point de Suisse) 的「名言」。其實，對於傭兵以生命獲取金錢，瑞士隱士佛呂的尼可勞斯及蘇黎世的宗教改革家茲文里 (Ulrich Zwingli) 曾批判過蘇黎世及日內瓦的商人銀行家為了賺錢，不惜在歐陸戰場上犧牲成千上萬瑞士傭兵的生命。

第四章
十六世紀宗教改革及其對內部的衝擊

第一節　宗教改革的背景

　　中世紀末支配歐洲政治及心靈的兩股勢力依舊是神聖羅馬帝國及羅馬天主教梵諦岡教廷。實際上，從1495年後，瑞士十邦郡已經不再受制於哈布斯堡王朝。然而就在這個關鍵時刻，瑞士也受到西歐各地對傳統天主教內部要求改革聲浪的波及。十六世紀歐洲宗教改革 (Reformation, la réforme) 影響瑞士的「國運」至鉅；宗教改革運動終於使得基督教分裂成基督新教 (Protestantism) 與天主教 (Catholicism)❶。如第三章所提及，在十六世紀初葉，巴塞爾、夏佛豪森於1501及阿本澤爾於1513年分別加入原本十個邦郡的瑞士同盟，至此共有十三個邦郡結成軍事同盟，更有效的抵抗中世紀的封建王侯的支配。在十六世紀初葉瑞士與德意志的政治景觀大異其趣，當時的德意志屬於神聖羅馬帝國的疆土，由皇帝及各地貴族君王直接統治，而瑞士基

❶基督新教有時簡稱為新教，天主教或稱舊教。

本上是由擁有相當自主性的共和體制邦郡組成鬆散的邦聯，各邦郡大多數又由大城市主導政治，官吏不受領主的干預，舉凡宗教事務也操在邦郡市政廳當局手中。瑞士並無隸屬於教廷管轄的封地采邑❷，像聖加崙、愛吉登及恩格堡 (Engelberg) 等修道院都直接受所屬邦郡的護衛。邦郡市政當局任命教堂神父及教會主持教士，非修道院神職人員也由其管轄，宗教司法也僅限於信仰權限，神職人員不受制於教廷，完全屬於瑞士教會範疇內。一般而言，瑞士的神職人員還算循規蹈矩，並不像其他歐洲國家天主教般腐敗。何況道德禮俗改革也在人文主義者的呼籲下進行，如在巴塞爾講學的荷蘭人文主義哲人神學家厄拉思慕斯 (Desiderius Erasmus, 1466～1536)，不受教條拘束，在歐陸發揮很大的影響力，包括神職教士也受到人文思想的薰陶。

　　事實上宗教改革之所以會有那麼大的衝擊，也與十四世紀在義大利興起的文藝復興運動及十五世紀科技的發展，特別是古騰堡 (Johannes Gutenberg, 1400?～1468)❸印刷術及海運的突破息息相關。文藝復興是透過上千的瑞士人參與米蘭戰役返國後影響各階層，這些米蘭戰役參與者之中，有不少是藝術家、作家、木雕師、教堂玻璃繪畫師及巧工藝匠，他們受到義大利文藝復興的影響，心靈不再受制於教廷的權威。瑞士最古老的巴塞爾大學創設於 1460 年，透過印刷術的普及化，厄拉思慕斯在巴塞爾講學的拉丁文著作由傅羅本 (Johann Froben) 印製，其精美的插圖則出自名畫家侯爾邦 (Hans Holbein) 之手。1516 年厄拉思慕斯在巴塞爾出版了依據希臘版本翻譯拉丁文的《新約聖經》。這本《聖經》大大的影響了兩位對宗教改革扮演突出角色的改革急先

❷孔士丹茲主教曾一度聲稱蘇黎世為其封建采邑，要徵什一宗教稅，但教皇捲入義大利的世俗政治糾葛中，無法支援孔士丹茲主教執行其政策。

❸著名的古騰堡《聖經》版本大約是在 1450～1456 年印製成功的，到馬丁路德時代，《聖經》已不再是得窮畢生之力才能完成的大工程，不必花費大筆財富也能購置，據說其價格約等於一匹馬的市價。

鋒。第一位就是德意志宗教改革家馬丁路德 (Martin Luther, 1483～1546)，他於 1522 年根據厄拉思慕斯的拉丁文《新約聖經》版本翻譯成德文，影響深遠。第二位就是瑞士的宗教改革家茲文里 (Huldreich Zwingli, 1484～1531)，以福音傳教。

　　馬丁路德對十六世紀的宗教改革影響至鉅。1505 年在德國艾爾福特大學教哲學，在該市成了奧古斯丁修道會僧侶。1511 年在維騰堡 (Wittenberg) 傳教，取得宗教博士學位，精研聖奧古斯丁的教義及使徒聖保羅的書信。1517 年 10 月 31 日道明會修士臺徹爾 (Johan Tetzel, 1465～1519) 來到維騰堡為羅馬聖彼得大教堂的竣工募捐，公開以贖罪券 (indulgences)❹勸募傳道，馬丁路德乃在古堡教堂貼示〈九十五條教旨〉批判天主教會，算是路德新教派的濫觴。

❹教皇利奧十世 (Leo X, 1475～1521) 於 1517 年 3 月 15 日頒布贖罪券，進行募捐以完成聖彼得大教堂的建造，凡捐款者可以贖罪。

　　十六世紀宗教改革之風也吹到瑞士，基督新教在瑞士的蘇黎世由茲文里，在日內瓦由喀爾文 (Jean Calvin, 1509～1564) 所領導的宗教改革中如火如荼的傳播開來，當時的日內瓦還沒有加入瑞士同盟，但蘇黎世早在

圖 17：德意志宗教改革家馬丁路德　　圖 18：瑞士宗教改革家茲文里

1351 年就是八大邦郡同盟之一。

一、茲文里

　　1484 年 1 月 1 日茲文里晚馬丁路德兩個月誕生於瑞士東部拓根堡高地村落維特豪斯 (Wildhaus) 務農小康之家，曾在維也納及巴塞爾大學受到人文主義者的薰陶，成年後全心投入基督教，卻不像馬丁路德浸研追求個人宗教贖救，他關切的是眾生的基本生活保障。早年在諾瓦拉 (Novara) 及馬麗釀諾戰役擔任過瑞士隨軍神父，目睹人生淒慘的景象，因此在二十二歲晉身格拉盧斯教區神父後，即全力投入教育、講道並勤於寫作，關懷社會大眾蒼生。對格拉盧斯的沃土不耕讓其荒廢，卻去國外當傭兵謀生的弊端抨擊甚力。之後，他到愛吉登朝聖勝地擔任兩年的教區神父，毫不隱諱個人的私生活。接著他到蘇黎世實行其宗教改革的「大業」。在茲文里帶頭領導之下，蘇黎世成了基督新教的大本營，之後巴塞爾及伯恩也進行了宗教改革。1519 年茲文里被選為蘇黎世大教堂帶薪教士 (leutpriester)，他個人的福音宗教觀漸漸形成。1519 年 1 月 1 日茲文里以三十五歲之齡登上大教堂講壇佈道。棄絕教會傳統引經據典的方式傳道，以個人研讀《聖經》心得來闡釋〈馬太福音〉(*St. Matthew gospel*)，直接訴諸聽道者的心坎。茲文里堅信信仰來自上帝的聖言，擯棄教會諸多繁複傳統，將講道素樸化，不提形象、圖案裝飾，也不引用傳奇。茲文里對教皇及其使徒為了募捐濫用販賣贖罪券大力批判，反對神職人員保持獨身不婚的誓言，也攻擊天主教員濫用職權買賣聖職的腐敗，當時天主教神職人員人品低落，對《聖經》也是一知半解，相互爭寵、爛信奇蹟、崇狂拜偶像、朝拜聖地、庸俗商業化。對於政治議題如瑞士傭兵到國外作戰謀生，茲文里也公開抨擊，蘇黎世是瑞士邦聯中唯一在 1521 年沒有與法國簽署提供傭兵的邦郡。茲文里本人堅信公義超凡入聖，但認為世間公義還是由俗權主持較妥。

　　從 1522 年春茲文里在宣教證道或是在市政公開辯論場合不再有

所顧忌，開始發表個人的見解。對於遵守齋戒、教士獨身不婚、教會尊拜聖像及象徵犧牲的望彌撒等教規儀式公然抨擊，他個人不久也婚娶了一位寡婦。1523 年 1 月蘇黎世市政廳舉辦公聽證會，讓茲文里發表〈改革教會六十七條結論〉。孔士丹茲主教正式代表不可參與辯證，等於默認茲文里福音傳教的自由以及進行某些改革。

　　茲文里的擁護者大多數來自開明的工藝匠階層，他們不再認為只有神職人員才有資格負責蒼生大眾的福祉及教育，民政當局足可替代之，修道院也在這個時候開始被撤銷。蘇黎世市政廳通過提供照顧貧困者的條款，也以《聖經》當作教育大眾的素材。

　　茲文里對社會大眾的關懷，特別是對農民的悲慘遭遇非常同情，認為農民的抱怨有道理，既然《聖經》所提的眾人都是上帝的子民，為什麼他們的境遇特別淒慘？因茲文里的呼籲，蘇黎世引進了一些有利於農民生計的措施，在公有土地上農民的枷鎖也漸漸消失。茲文里關切瑞士農民的福祉剛好與馬丁路德成對比，1525 年馬丁路德主張鎮壓德意志農民的反叛，認為上帝授予當政者權威。因馬丁路德拘泥於中世紀權威理念，乃得出農民造反比撒旦危害更大的結論。這也使茲文里與馬丁路德以後的嫌隙愈來愈大。1529 年 10 月在馬爾堡宗教會議 (Marburg Colloquy) 時，兩位宗教改革家曾對最後晚餐的詮釋有過衝突。馬丁路德在聖餐論的觀點上強調字面解經；茲文里則主張靈義解經。因為兩位宗教改革領導人在聖餐論觀點上無法達成共識，使得歐洲地區基督新教的政治、軍事聯盟也不易維持。

　　1524 年 6 月茲文里終於說服市政廳當局燒毀其所儲存的宗教聖物❺。事實上，有些宗教儀式如宗教行列

❺指的是聖者的部分遺骸、衣物等，在聖人死後保存以作為崇敬的東西，據說在某些情況下會產生神奇的力量。

及參拜聖像等早已廢除。接著蘇黎世市政廳當局也取消其轄管區僧侶神職人員信守獨身的發誓令，不再認為教士是上帝與教徒之間的媒介溝通者。1525 年彌撒也被福音講道所取代，茲文里認為這種方式較接近基督的原始最後晚餐儀式。在市政廳當局主導下，蘇黎世終於進行了相對的寧靜宗教改革。

　　無疑的蘇黎世所進行的宗教改革算是寧靜的，但卻引發了瑞士鬆散邦聯的政治及社會的緊張。茲文里在蘇黎世的宗教改革受到瑞士北部邦郡如巴塞爾、夏佛豪森、聖加崙、格拉盧斯、格勞實登及阿本澤爾的支持，然而在瑞士中部傳統的天主教邦郡，如舒維茲、烏里、下瓦爾登、祖克及琉森則激烈反對茲文里的改革。這些傳統保守的天主教邦郡敵視茲文里的宗教改革，倒不是純粹針對宗教的內涵或是禮儀的改革，而是牽涉到非宗教層次的利益，抵制蘇黎世支配瑞士邦聯的意圖。本來蘇黎世市府當局先後在斯徒希 (Stüssi) 及瓦德曼 (Waldmann) 兩位非宗教領袖統治下，就已威脅瑞士邦聯政治的均衡平穩，如今另一大邦郡伯恩支持蘇黎世，茲文里又集中宗教及政治領導權於一身，使得傳統保守的天主教邦郡更加惶恐。

　　本來這個鬆散的瑞士邦聯要面對的問題遠比德意志複雜，至少語言上東部及北部的瑞士講的是濃厚地方腔調的德語 (Switz-deutschi)，西部的佛立堡邦郡及部分的伯恩邦郡則是說法語，在格勞實登邦郡說羅曼許語，南部有些邦郡講義大利語。語言的差異及傭兵問題❻一直困擾著由自主性極高的同盟所組成的鬆懈邦聯，如今又加上宗教改革，使得十三邦郡之間的關係更加緊張，邦聯存在著解體的威脅。1529 年皈依基督新教的邦郡

❻有一部分比例相當高的瑞士人當起神聖羅馬帝國、法國國王及教皇的傭兵。各邦郡為敵對國家服務的傭兵增加了各邦郡間的緊張危險性。

結成「基督市民同盟」(Christliche Burgrecht)，森林農牧山區為主的五個天主教邦郡也締結聯盟，並得到奧地利哈布斯堡的費底南公爵 (Ferdinand) 的支援。蘇黎世邦郡於 6 月 8 日宣戰，是為第一次卡佩爾戰爭，不過並無真正的戰鬥發生。雙方雖締結和平協議，但並未完全解決問題，因此在 1530 年，對立局勢又告升高。

雙方陣營集結部隊有過衝突，在第二次卡佩爾戰爭 (1531 年 10 月 31 日) 時茲文里陣亡，蘇黎世邦郡被迫匆忙協商解決爭端。此一暫時的協議維持了邦聯一段和平時間，至少邦聯還不至於瓦解：森林農牧山區舒維茲、烏里及下瓦爾登三邦郡及琉森邦郡拒絕宗教改革，維持天主教，但不再干涉其他邦郡進行其宗教改革。

二、喀爾文

伯恩邦郡比蘇黎世晚兩年，於 1353 年加入瑞士森林農牧區三小邦郡發起的同盟，該邦郡由寡頭仕紳領導，因為其傳統的近鄰是法語的佛立堡、日內瓦，對宗教改革不得不採謹慎態度，不過還是傾向蘇黎世的宗教改革。十六世紀時的日內瓦還不是瑞士邦聯的成員，但 1526 年日內瓦市卻推翻了長久以來支配該市的薩瓦公爵的代表日內瓦主教，日內瓦新教改革引發了派系之爭：擁護新教的伯恩鄰邦及維護薩瓦傳統的統治者之間起了衝突。兩派鬥爭的結果，日內瓦宣布成立共和體制。1536 年被迫逐逃亡的法國新教神學家喀爾文抵達日內瓦，喀爾文早年在巴黎學拉丁文，後又在奧爾勒翁 (Orléans) 習法律時，對神學感興趣。在布爾治 (Bourges) 等地傳布改革的宗教福音，但終究被迫流亡到瑞士的巴塞爾，於 1536 年發表了有影響力的《基督教原義》(*Christianae religionis institutio*)，之後在日內瓦受到法雷爾 (Guillaume Farel, 1489～1565)❼的協助進行改革。但是因喀爾文所嚴厲規範的宗教律規，使得習慣了自由的教徒（喀爾文不屑的稱呼這些敵對者為 libertins，貶意為放蕩享樂者，即在宗教信仰上不受拘束者）集結在一起，於 1538 年將喀爾文及法雷爾趕出日內瓦。喀爾文避居萊茵河邊界

❼法國宗教改革家，出生於法國東南部加普(Gap)，在巴黎求學期間叛依基督新教，為此於 1524 年被迫逃亡到瑞士，但兩度被放逐離開日內瓦，1534 年該市當局宣布為新教，乃與喀爾文再返回日內瓦，1543 年他前往諾夏德，而於 1565 年逝於該地。

❽十六世紀末，法國新教徒增加快速，與天主教徒日益衝突，引發了長達三十幾年的宗教戰爭 (1562～1598)，最後因信仰新教的亨利四世登上王位，於 1598 年頒布宗教信仰寬容的〈南特敕令〉(*Edit de Nantes*)，但亨利亦為此改信天主教。1685

的史特拉斯堡，勤於著述《新約》的評論。不久日內瓦城陷入混亂，派系紛爭不已，1541 年日內瓦人請求他返回，但他提出市政當局不可干涉教會的要求，並於該年十一月發表了著名的〈宗教律令〉(*Ordonnances ecclésiastiques*)，明白的昭示他返回日內瓦的條件，確立了神職當局及非神職人員（即世俗教徒）都得共同遵守的律令。律令以長老法院 (consistoire) 為主軸，有偵查、訓誡，甚至驅出教會的權力，對姦淫、賭博、迷信、瀆神、咒罵等亦有規範。教會也分成四個等級，牧師、長老、執事及教師。1542 年 1 月 2 日教會大議會核准，並在日內瓦實施。

喀爾文在日內瓦所訂定的宗教律令後來成了長老教會盛行的範式，在蘇格蘭、荷蘭及法國的余格諾 (Huguenot)❽都是信奉喀爾文的新教徒。喀爾文的勢力固然漸次擴大其影響力，但並不是一帆風順，整整超過十年的奮鬥，才確立了喀爾文在日內瓦施行政教合一的神權政治體制。1545～1547 年期間，日內瓦市政當局將

圖 19：中世紀宗教改革倡導領袖之一——喀爾文

反對喀爾文的宗派糾合起來，幾乎推翻喀爾文的領導權，最後喀爾文成功地運用「輿論」重挫反對者的聲響，才穩住權力，然而 1551 年喀爾文又再度受到敵對者的威脅，他們利用 1553 年塞維圖斯 (Servetus) 事件大肆攻擊喀爾文的領導。塞維圖斯 (Michael Servetus, 1511～1553 原名 Miguel Serveto) 生於西班牙北部杜德拉 (Tudela)，在巴黎學法律及醫學，對人體血液循環研究有創見，但因不接受三位一體 (Trinity) 及基督本人的神聖性教義，與天主教及新教有過神學上的辯爭，天主教視之為異端，最後於 1553 年在日內瓦卻被喀爾文以異端活活燒死，敵對喀爾文的宗派教徒不是被放逐就是被處死，但他又大量接受外國尋求宗教庇護的避難者，並給予日內瓦市自由民 (Bourgeoisie) 的特權身分，改變了日內瓦的政治景觀。蘇格蘭宗教改革家諾克斯 (John Knox) 三次來日內瓦向喀爾文學習，並得到喀爾文的敬重。從 1555 年到 1564 年過世❾，喀爾文樹立了絕對神權政體的無上權威，日內瓦成了基督新教教義的重鎮。喀爾文成了馬丁路德、茲文里後第二代的新教領導者，影響世界新教運動至鉅。

第二節　瑞士走向建國之路

在十七、十八這兩個世紀的瑞士，十三個防衛結盟的邦郡名義上是各自獨立自由的共和體制國家，但實際上與其他歐洲封建體制的王公貴族壟斷政權，並沒有什麼特殊的差異，集中在邦郡都會的極少數貴族或是新興藝匠行會濫用特權，使得鄉下絕大多數的農民處於奴役的悲境，然而頻頻反抗高稅施壓的結果，命運依然無法

年路易十四又撤回此一敕令，眾多法國新教徒只好逃亡瑞士、英國、德國及美國，對這些國家的產業發展有重大的貢獻。

❾喀爾文對於將近十年受到敵對一直耿耿於懷，在 1564 年 4 月逝世前在病榻曾對其親信的宗徒表達強烈的感觸：「那些宗派唆使狗在我的腳跟狂吠，並咬住我的教袍及大腿……。你們住在邪惡不幸的國度（指日內瓦），雖然有些善良的人，但終究這是邪惡無道之邦。」他所受到心理挫折可見一斑。但喀爾文的追隨者依舊將新教的教義繼續推廣下去，也將日內瓦依其神權要義統

治著，成了新教
的主要堡壘。

改觀。邦郡與邦郡之間固然維持平等的地位，但是各邦
郡內，貴族或行會統治者與被統治的大眾依然階級鮮
明。特權階級牢牢控制特權不放，各邦郡的社會依舊封
閉，上下階級分明，政治體制僵硬，要等到整個歐陸舊
秩序在法國大革命衝擊下，瑞士的平民才漸漸享有人
權、自由、平等的基本權益。

在這長達兩個世紀的舊秩序下，瑞士固然有宗教衝
突與農民的抗爭，但邦聯還不致面臨立即解體的危機。
自 1531 年第二次卡佩爾戰爭，基督新教邦郡失利於瑞
士天主教保守傳統邦郡後，蘇黎世與伯恩想設法改善其
在瑞士邦聯的政治影響力，乃在 1656 年發動維梅爾根
(Villmergen) 戰爭，卻又戰敗，天主教邦郡依然維持支
配瑞士邦聯的優勢。一直到 1712 年第二次維梅爾根戰
爭，基督新教邦郡總算戰勝天主教邦郡，伯恩與蘇黎世
兩邦郡終於取得政治影響力的絕對優勢，與其經濟實力
相符合。自此而後，除了十九世紀的「分離同盟」引發

圖 20：愛吉登修道院大教堂

圖 21：位於瑞士的盧梭故居

的內戰外，瑞士再也沒有大規模的宗教衝突。

在文化方面，自文藝復興後，在反宗教改革運動時期興起的巴洛克 (1630～1750) 建築藝術在瑞士大放異彩，像愛吉登修道院大教堂就是一個顯例。不少誕生於現今瑞士堤奇諾邦郡的藝術家如博羅米尼 (Francesco Borromini, 1599～1667)、馬代爾諾 (Carlo Maderno, 1556～1629) 及豐塔納 (Domenico Fontana, 1543～1607) 在羅馬梵諦岡大展才華。

十八世紀影響歐洲思想界至鉅、出身日內瓦的盧梭才華橫溢，集思想家、文學家與音樂家於一身，其《民約論》(*Du contrat social*)、《不平等的起源及基礎》(*Discours sur l'origine et les fondements de l'inegalité*) 或是《愛爾蘭》(*Emile*) 及《新愛羅依姿》(*Nouvelle Héloïse*) 迄今依然是世界各大學政治系或是文學系必讀的文獻。盧梭一生充滿矛盾的性格：在《愛爾蘭》闡揚教育原理，卻無法照顧自己的五個孩子，先後拋棄，讓公家機構贍養；解析現代民主的原理原則，卻也景仰古代的希臘；對於科學藝術都有意見，然而不忘作曲寫劇本；歌頌自然之美，卻無法遠離世俗的都會生活。

Switzerland

第 II 篇
走向現代的歷程

第五章
從法國大革命到瑞士
永久中立

1789 年法國大革命 (Révolution française) 是影響歐洲政治版圖以及世界思想體系至鉅且又深遠的歷史性政治、經濟、社會暨文化的大轉變運動,與中世紀末資本主義萌芽及近代民族(國族或國民)國家興起時期先後所發生的幾個大規模運動相互輝映,如文藝復興、海運技術大革命所引發的地理大發現、宗教改革、十八世紀後半在英國所觸發的產業革命。

第一節　法國大革命的衝擊

法國大革命不僅僅摧毀了十六、十七世紀建構的封建絕對王權的舊政治體系秩序,連帶的也進入新的政治、經濟、社會、文化時代。瑞士受到文藝復興及宗教改革衝擊後,1789 年法國大革命,法國三階層會議及巴士底監獄 (Bastille) 的解放表面上似乎與瑞士各個邦郡毫無關連,至少當時瑞士的上層統治階級(門閥貴族)反應遲鈍,甚至無動於衷;認為低層社會階級就算有不滿的人,卻無中心領導人物,也沒有共同的不滿訴求會引起群眾的共鳴,何況當時的瑞士幾乎都是山區農牧社會,沒有大都會,邦聯鬆散,無首都,邦郡主權獨立,更

無統一的瑞士中央政府，不像高度都市化的巴黎那樣，群眾久受積壓的不滿極容易爆發革命。另外瑞士各邦郡的貴族寡頭統治者及資產階級享有政治及經濟權益的人口比例還算不小，不像法國大革命時僅極少數的王公貴族、高層僧侶享盡人間榮華富貴，而廣大的人民卻貧困不堪得幾乎無法生存下去。

其實法國大革命後，瑞士的貴族寡頭統治階級受到各處而來的威脅，特別是瑞士邊界各邦郡也有浮動的情況發生，蘇黎世或是夏佛豪森邦郡的鄉下愈來愈無法容忍城市的主宰，要求平等對待邦郡內的城鄉，減低差距與停止壓迫流放。日內瓦在 1792 年 10 月如果沒有伯恩及蘇黎世的軍事援助，恐怕早已被法國侵占。但不久日內瓦卻爆發革命，平等者俱樂部 (Club des Egaliseurs) 奪取政權，立即讓所有日內瓦居民獲得自由邦民的法律地位。

法國大革命歷經九年之久，瑞士的上層統治階級還無覺醒的敏感性，歐洲絕對王權的時代早已一去不復返，高高在上的絕對權力已經不合時代潮流。瑞士上層統治階級並不是被人民所推翻的，換言之，瑞士的革命不是發自內部的社會「階級矛盾」，而是受到法國大革命影響的結果。

十八世紀後半，瑞士各邦郡與法國王室的關係相當密切，1777 年瑞士各邦郡與路易十六建立聯盟關係，邦郡貴族遠比法國子民還效忠法王，另外上萬名的瑞士傭兵編入國王御林軍，因此他們的瑞士親友對法國的情勢並不陌生，凡爾賽宮殿的繁華遠比對自己瑞士深山或是鄉下發生的事故來得更有吸引力。透過在法國服務的傭兵傳遞出法國革命的理念，瑞士終於也受到革命的感染。

花費二十二年 (1786～1808) 撰寫《瑞士邦聯史》的名學者繆拉❶，曾在法國大革命雅各賓黨人 (Jacobins) 主導政局時，向朋友如此寫到：「你一定和我一樣，也替國民議會惋惜吧！大家都被美麗的言辭迷惑了，理智的人反而曲高和寡。你可能也體會到，正因為他們想要太多的自由，結果喪失了所有的自由。可是無論如何，他們的理想已長留

在每個人的心坎裡，這次大會總有些值得稱道的地方。」

1790 年 8 月 31 日法國大革命後翌年，派駐在法國夏托佛 (Châteauvieux) 的呂蘭軍團 (régime Lullin)，主要是由瑞士沃邦郡的傭兵組成，日內瓦出身的軍官指揮因軍餉遲遲未發放，在南錫叛亂。各邦郡認為如此有損瑞士聲譽，佛立堡邦郡的卡斯特拉軍團 (Castella) 及索羅頓邦郡的維吉葉軍團 (Vigier) 所組成的軍事會議則決議嚴厲處置，不容寬恕，以極刑將叛軍首領處車輪刑，二十二個士兵受絞，四十一個士兵則送往杜隆 (Toulon) 王家艦隊處以奴隸划船刑罰，其餘的永遠放逐，不准返回瑞士。

法國革命人士對瑞士邦郡以極刑處罰在法國的瑞士傭兵異常憤怒。認為此舉無異是對革命分子的挑釁，乃將呂蘭軍團的犧牲者當成革命烈士，被判划船刑罰者所戴的紅帽則成了革命的標誌。但瑞士卻不為所動，就算是路易十六要瑞士將法國立法會議 (Assemblée législative) 於 1792 年 12 月 31 日通過特赦被判刑的傭兵予以寬容，瑞士各邦郡卻依然以他們是唯一能夠處理軍團紀律的主權者回覆。面對瑞士的反應，法國立法會議乃於 1792 年 4 月 15 日在巴黎人民歡呼聲中讓叛軍遊行，等於公然挑戰瑞士邦郡的權威。經過這一事件，法國革命人士再也無法信賴瑞士邦聯各邦郡。

1792 年 8 月 10 日在巴黎杜依樂希宮 (Tuileries) 的革命群眾，即史稱的無短褲者 (sans-culottes)❷ 感受到外國反革命的威脅，乃殘殺了 786 名瑞士傭兵，其中有十六位軍官，想逃離都無法倖免。9 月在監獄又有二百多名瑞士官兵被殘酷謀害。倒不是因為這些瑞士傭兵效忠於法國國王，或是因防衛職務關係被殺害，只是革命者

❶他的《瑞士邦聯史》(History of the Swiss Confederation) 僅寫到 1489 年，德國十九世紀戲劇家席勒就是以繆拉這本巨著中的「民族英雄」為草本，撰寫了名劇《威廉特爾》。

❷十八世紀時僅有貴族富豪穿著短褲，一般的群眾無錢購買豪華短褲，因此稱呼下層群眾為無短褲者。

視瑞士邦聯為敵國。事實上統治瑞士邦郡的貴族對革命群眾嚴屬非難，對波旁王朝及奧地利王室盡忠而逃亡國外的人士卻百般照拂，因此引發法國革命分子敵視瑞士。

為了紀念這些慘死的瑞士傭兵，1821 年在琉森市豎立了一個以岩石雕刻的垂死的「雄獅紀念碑」(Löwendenkmal)，象徵昔日英勇奮戰的瑞士傭兵。

面對此一革命情勢，瑞士統治者照道理應該訴諸國際輿論，就算兩個多世紀來瑞士因中立或是無實力以軍事解決爭端，至少也應該強化瑞士國內各邦郡被統治者的認同，以抵制外國勢力的入侵，然而瑞士貴族統治者卻高高在上，傲慢如故，視被統治者為草民。一旦外國軍事力量介入，人民無抵禦外敵的強烈意願，甚至將法國革命當成解救他們的進步力量，瑞士統治階級自然只有屈服一途。

拿破崙 (Napoléon Bonaparte, 1769～1821) 以軍事強力席捲歐陸時，瑞士國不成國，陷入失去獨立自主的慘境，一直到拿破崙潰敗，1814～1815 年在維也納召開的列強國際會議（維也納會議），確立了瑞士的國土疆界及永久中立的原則，瑞士邦聯才又恢復自由自主的國際地位。

法國大革命確立了主權在民的基本理念原則，君權神授王公貴族、

圖 22：雄獅紀念碑

高層神職合一統治人民的神話終於全盤崩潰，在「自由」、「平等」、「博愛」(Liberté, Égalité, Fraternité) 新理念的導引下，標誌著人類進步新里程碑的〈人權宣言〉(La Déclaration des Droits de l'Homme et du Citoyen，又稱〈人暨公民權利宣言〉) 也震撼了歐洲其他王權舊秩序的統治者。如何撲滅新生的革命共和體制，舊勢力王公貴族積極運作軍事反撲成了急務，瑞士邦聯又將如何因應？

第二節　瑞士第一部憲法的誕生

出身於洛桑的德拉阿博 (Frédéric-César de La Harpe)，曾擔任俄羅斯沙皇亞力山大一世的御師，向沙皇闡釋講解自由主義的學說理想。1796 年回到瑞士與歐赫斯 (Peter Ochs) 組成了瑞士俱樂部 (Le Club helvétique)❸，鼓吹推翻主宰瑞士各邦郡的上層統治階級，並領導沃邦郡反抗伯恩統治。事實上，瑞士統治階級對流亡的法國貴族及反革命分子諸多同情，給予庇護，甚至協助進行反革命活動。拿破崙第一次遠征義大利後，也留意到瑞士當局反革命立場與瑞士俱樂部散發革命理念的矛盾情況，乃倡議執政團 (Directoire, 1795～1799) 活用瑞士革命人士，介入瑞士國內政治，執政團果然快速地在各邦郡進行軍事干預，拿破崙軍隊於 1798 年 3 月 5 日在伯恩邦郡的格勞霍茨 (Grauholz) 戰勝瑞士，推翻了瑞士上層統治階級，之後雖然在瑞士中部森林小邦郡的農民也英勇抵抗，但實力過於薄弱，終於潰敗，法軍最後也併吞了日內瓦。德拉阿博於 1798 年 3 月 9 日致信法國將軍布呂納 (Brune, 1763～1815)

❸學法國大革命時在巴黎成立的各種革命俱樂部。

表達他對瑞士政局的見解：

> 如果法國大革命後的執政團能夠在瑞士建構一個結合瑞士人民所
> 組成的無從分割的共和國，以取代古舊過時的瑞士邦聯體制，將
> 是無上的功業。以各邦郡權謀所組成的舊邦聯體制其實是分化人
> 民，新瑞士共和國將會更團結，免除各邦郡鉤心鬥角，爭權奪利
> 所引發的震撼弊端。各舊邦郡寡頭壟斷政權惡棍將聯合雄心勃勃
> 的野心家，譁眾取寵的政客到處煽動，以分而治之的老手法玩弄
> 人民於股掌之內，進而抵制新共和的創立。請解除普通瑞士公民
> 受邦聯寡頭惡棍及狂熱譁眾取寵野心家的雙重災難。只有法國執
> 政團有力量解決無魄力無幹勁的臨時政權所引發的不確定性困
> 境，給予瑞士人民一個新憲法，否則光靠我們制憲的話，恐怕要
> 流二十年的汗水，付出大量熱血。
>
> 法國執政團的明智決定就是我們的羅盤針。只有執政團才能解除
> 我們的災難，只有執政團才能確定解除災難的方式，只請告知極
> 其明確的意願，讓法國的外交人員配合此一明確的意願。難道要
> 再維護瑞士舊邦聯體制？當然那將是個錯誤，但我們還是會尊重
> 此一決定，剩下來的就是確定所需要的民主化，增加瑞士的邦郡，
> 明令保障新邦郡的獨立。執政團要沃邦、瓦雷及義大利法政官所
> 統治的地區組成一個共和國，或是三個各自制憲的共和國後組成
> 一個邦聯？請不吝告知意圖，不過那將是不完善的措施，對法蘭
> 西共和而言也不是充分之舉，與要進行的大工程未免太不相稱。
> 是否執政團要瑞士成為單一又不可分割的共和國呢？只要有意願
> 就可取得。只要一開口，講得清楚，至少三分之二的瑞士同意，
> 其餘不久就會追隨。至於我個人，普通公民，我得承認如果此舉
> 對法蘭西共和國政府的高度尊嚴，以及對共和體制及歐洲至為重
> 要而不幸失敗，那將是我的一大哀傷。說得更遠，我主張將邦郡
> 合併成一個共和國是唯一能夠剷除聯邦及寡頭政治體制的源頭，

如果讓其有蓬勃再生的權能，將會發生以前同樣的動亂災難。要剷除九頭水蛇怪獸 (hydre)，一定要同時斷除九頭。

於是，在瑞士革命人士的擁護之下成立了瑞士共和國 (La République helvétique)，實際上成了法國的保護國。1798 年 4 月 12 日瑞士各邦代表在阿勞 (Aarau) 再度聚集，並非要發誓效忠舊的邦聯，相反的卻是要瓦解其體制。由歐赫斯起草的《瑞士共和國憲法》是依據法國大革命 1795 年的憲法為草本，第一條憲法明文徹底否定舊邦郡的同盟體制。在法國的唆使下，這個「單一不可分割的瑞士共和國」(La République helvétique une et indivisible)，當然不是為維護舊體制而成立的，邦郡與邦郡間的疆界劃分完全毀棄。在法國槍桿下所制定的憲法，絲毫不顧及瑞士傳統習俗、宗教信仰及政治自治，外來勢力強加的憲法無從反映各邦郡高度獨立自主的傳統，當時各自保持古代政治文化傳統的二十二個邦郡成了法國式的行政單位 (省)，各邦郡行政首長在各鄉鎮設有行政官，維護瑞士共和國國家的權益。全國由眾議院 (Great Council) 及參議院 (Senate) 聯席會議選出五位執政團負責國家政務，必要時可增加幾位部長。

憲法第二條則揭櫫主權在民（全體國民）及民主代議制的政治體制。第五條高舉人生而自由且不可侵犯的權利，保障人權的法國大革命理念也書諸憲法。在這新的憲政體制下，另設有瑞士高法庭 (Helvetic High Court)，以孟德斯鳩 (Montesquieu) 保障個人的權益不受國家濫權所制定的三權分立憲政學說為楷模。雖然瑞士傳統的高度獨立自主的政治文化被新憲法所漠視，但三權分立卻讓人民在法律面前享有平等的待遇，整個複雜的邦郡結構及連橫合縱的關係及階級差異被摧毀解除。無論鄉村或是城鎮，人民享有結社的自由，宗教信仰及輿論自由，每個團體都享有憲政權力，可向政府陳請。商業及職業技匠各自由組成公會團體，財產權也確立了不可分割性的原則，基本上封建遺留下來的典章文物全部取消。

　　《瑞士共和國憲法》又設立了八個新的州郡，其中包括雷蒙 (Léman)、瓦雷、貝林卓娜及盧加諾等法語、義大利語族群區域。在法國外強「主導」下，瑞士首次在平等基礎上，人民各自可以使用三種語言，1798 年 8 月 20 日政府明令瑞士共和國的法律一律以德、法及義大利文刊載。國會辯論時，也通行三種國家語言。

1798 年 4 月 12 日《瑞士共和國憲法》條文

第 一 條　瑞士是一個單一且不可分割的共和國。邦郡與臣屬之邦 (pays sujets) 之間或是邦郡與邦郡之間不再存有邊界。同一祖國與共同利益取代因偶然所結成的雜質、不平等、不成類比並受制於小地方及居家偏見的脆弱連帶。過去之虛弱肇因於分割的虛弱，今後會強盛因為整體團結有力。

第 二 條　主權歸屬全民。任何部分的主權不可分割成為個別的財產。政府的形式不管如何更改將永遠是民主代議式。

第 三 條　法律是依據憲法模式表達立法者的意志表現。

第 四 條　公共財的兩大基礎是安全及啟蒙教育。啟蒙教育優於富裕。

第 五 條　自然賦予的人的自由不可剝奪；只受限於不妨害他人的自由及維護合法必要的總體利益。法律禁止各種放肆腐化；鼓勵追求公益。

第 六 條　信仰自由不受限制。宗教觀點的表示不可超越諧和與和平的情操。只要不違反公安，也不支配或不高高在上，任何宗教儀式都受允許。警察監視宗教儀式，也有權查詢所教的教義及禮儀。教派與外國當局之間的關係不能影響政治事務及人民的福祉、啟蒙教育。

第 七 條　新聞自由來自教育權的擁有。

第 八 條　沒有世襲的權力、位階及榮譽。刑法嚴禁任何使用頭

銜或是體制會提醒世襲的概念。世襲的區別會產生傲氣及高壓，會導致無能及懶惰，對事務、事件及人的看法亦將淪落腐化。

第 九 條　除非極有必要在緊急情況或是公用需要下給予公正的賠償，國家不可以處置個人財產。

第 十 條　因本憲法的施行，任何失去職位的所得或是利益的個人，在補償原則下，將領取終身年金，但往年享有高祿職位或是曾領取合理的津貼則不為例。但在本憲法公布後，對於那些反對採行公民與屬民之間明智的政治平等，以及反對採取所有祖國社群的國民一律平等的單一制度，則不給予賠償或是補償。

第十一條　依公益制定財稅。財稅應該以納稅人的能力、收入及享受分配之。但其納稅比例只能依大約原則處理。過度追求納稅額的精確性將使得賦稅制度苛刻、所費不貲且損及全國的繁榮。

第十二條　官員的薪俸依職位的工作性質及才幹而定，也得考慮到職務可收取賄賂或是因職務關係可使富者擁有獨占的財產。官員的薪俸依小麥的量制制定，只要官員在職一天薪俸不可減低。

第十三條　不管是社團、企業或是家族，任何不動產不可宣告成不能割讓。土地財產獨占權會演變成奴隸制度。土地不可以課以任何任務、租金或是無可以金錢替代的勞務。

第十四條　公民要對祖國忠誠、照顧家族及不幸的人。要耕耘友誼，但不能為此犧牲其職責。要棄置個人的恩怨及虛榮動機。提升人類道德情操；不斷尋求友愛的溫情；好人對他的尊崇就是其榮耀。對於拒絕此一尊崇其良知可給予補償。

雖然這部憲法有其進步性，可是對於享有直接民主制的原始三邦郡，其自主自治權被剝奪，自然無法接受，特別是下瓦爾登邦郡，公然抵制《瑞士共和國憲法》。下瓦爾登邦郡於 1798 年 9 月的反抗被法軍鎮壓，死亡者眾，許多孤兒需要照顧，為此瑞士聞名的教育家裴斯達洛齊 (Johann Heinrich Pestalozzi, 1746～1827) 在新政府的邀約下於 1798 年 12 月赴斯坦斯主持孤兒院，照顧這些孤兒。

拿破崙不僅征服了瑞士，也將北義大利，就是瑞士阿爾卑斯山脈南部的土地瓜分，奧地利不得不在〈康波‧富密歐 (Campo Formio) 條約〉將大部分的疆土劃分給新成立的南阿爾卑斯共和國 (Cisalpine Republic)，其中包括從格勞賓登分割的瓦特立納 (Valtellina) 在內，此一先例，威脅著瑞士南部講義大利語的堤奇諾人。地理與語言的差異，以及人民嚮往自由，曾使得堤奇諾人有脫離瑞士的意圖，特別是受到義大利北部地區的倫巴底歸併到南阿爾卑斯共和國後的驅使，可是由於受到一群義大利軍人用強制的方式攻擊盧加諾，要堤奇諾歸順於倫巴底，反而引起堤奇諾人的抗爭，在自由與瑞士 (Liberi e Svizzeri) 的戰爭口號聲中抵制義大利軍，使得堤奇諾人終於選擇自由與獨立的瑞士，而不願受制於同語言及鄰近的義大利北部。對於 1798 年當時瑞士臣服於法國的情況下，且法國又控制著阿爾卑斯山脈隘路及強加賦稅於瑞士人這一點上，堤奇諾選擇瑞士有其政治的特殊意涵。

瑞士共和國新政府在法國的「督導」下事實上相當分歧，主張單一國家中央集權派及恢復舊鬆懈邦聯體制的聯邦派，紛爭不已，無共識，可是又深怕如此持續下去終會引發動亂，讓反革命者有機可乘，於是請當時擔任法國三位執政官之一的拿破崙❹為瑞士制定新憲法。1801 年拿破崙訂定了《馬爾梅宗憲法》(*La constitution de Malmaison*)，瑞士終於成了名副其實法國的保護國。

拿破崙征服瑞士後，最大的衝擊除了是政體權力較集中外，語言也有了改變，從 1481 年佛立堡邦郡加入瑞士邦聯以來，其統治者都是德語族群的貴族，其餘則是居大多數講法語的庶民，瑞士共和國成立

後，佛立堡邦郡成了講法語的天下，同樣的瓦雷邦郡的法語族群在政治上也占了優勢。但不久聯邦派占得優勢，推翻了新政府，然而拿破崙派遣三千軍隊介入，又支配了瑞士，最後瑞士各派又求拿破崙出面調解紛爭，拿破崙為了爭取瑞士的友好，乃於1803年撤軍。終於在 1803 年 2 月 19 日定下〈調停法案〉(Acte de médiation)，各黨派無異議贊成，實際上，這是一種政治上的妥協；恢復瑞士的政治傳統及考量革命的新生力量（各邦郡平等，廢除以前貴族的特權）之間的妥協。此一法案終結了瑞士共和國，卻創建了瑞士聯邦，恢復各邦郡自主的體制，可是語言平等的精神依然保留，就在1803 年，聖加崙、格勞賓登、阿爾高、圖爾高、堤奇諾及沃等六個新邦郡加入瑞士邦聯，雖然各邦郡自主性較1798 年的瑞士共和國體制還高，但依〈調停法案〉，瑞士每年要按一定比例分攤法軍的兵源，約四個兵團共四千名軍隊。

❹後來擔任首席執政官。

拿破崙致瑞士各邦郡的代表信函（1802 年 12 月 10日）

瑞士不類似其他國家，不管是幾個世紀以來相繼發生的事件，或是地理位置，或是各種非常不同的習俗所造成的。自然形成您們聯邦制國家，想硬要征服此一自然形成的體制乃非智者之舉。形勢及上個世紀的精神確立了您們瑞士人即是至高無上的，又是受支配的人民。新形勢及新世紀不同的精神，配合正義與理性，再度恢復您們瑞士國土各地區權力的平等。數世紀來您們有些邦郡 (États) 施行絕對民主的法律。可是有些邦郡卻因幾個家族奪取政

權，因此有了被統治的子民 (sujets) 及高高在上的統治者 (souverains) ……。您們幾個邦郡的精神改變了。捐棄所有特權即是人民的意志也是利益。這同時也是您們國家及大多數邦郡的意願及利益，其所要的是：

1. 您們十八個邦郡的權力平等；
2. 主宰階級真誠又自動放棄特權；
3. 組成一個聯邦體制國家，每個邦郡依據語言、宗教、習俗、利益及言論組成。

一旦邦郡的組織確定，剩下來的就是決定各邦郡之間的關係以及比實際上各邦郡組織還不重要的中央組織。在您們瑞士，財政、軍隊及行政不可能一致。

您們從來就沒有建構發薪餉的部隊，您們也不可能有龐大的財政，您們從來沒有派駐在各個強權的常駐使節。定位在與德國、法國及義大利分隔的山嶺高處，您們同時受到這些不同國家精神的影響。您們國家的中立，貿易的繁榮及家族行政經營是唯一能夠使得您們人民接受並使之維繫在一起。

　　（共和曆第十一年霜月十九日，即西曆 1802 年 12 月 10 日）

1803 年 2 月 19 日〈調停法案〉

法國第一共和第一執政官 (Premier Consul)，義大利共和國總統拿破崙致瑞士人民書

瑞士受內部不和所迫，面臨解體的威脅；無法靠自己的方法重新建構國家體制。顧及自古以來法國對可敬瑞士人民的眷愛，最近還用武力防衛及簽署條約使之承認為列強；與瑞士有共同邊界的法國及義大利共和國兩國利益；瑞士參議院及民主邦郡的要求，瑞士全體人民的祈願，使得我們有義務居間介入分裂的各派系間進行調停。在我們的託付下，巴爾德樂米 (Barthélemy)、雷德樂爾 (Roederer)、富謝 (Fouché) 及德梅尼葉 (Desmeunier) 參議院議員在

巴黎召開五十六位瑞士參院、城市及邦郡議員參加的會議。決定瑞士是否可以不用武力，在中央政府下維護自然形成的瑞士聯邦體制；承認最符合每個邦郡所祈願的憲法體式；劃分清楚新邦郡所要的自由及幸福是否符合其理念；舊邦郡的傳統機制與賦予眾多公民的權力之間的調停和解；這些應該是逐一檢驗及討論的要旨……經過使用過各種方法認知了瑞士人的利益及意志，我，以調停者的身分，只以人民的幸福的利益觀點為依歸，在不損及瑞士的獨立，宣布並裁定如下條款：

第 一 條　十九個瑞士的邦郡，即阿本澤爾、阿爾高、巴塞爾、伯恩、佛立堡、格拉盧斯、格勞賓登、琉森、聖加崙、夏佛豪森、舒維茲、索羅頓、堤奇諾、圖爾高、下瓦爾登、烏里、沃、祖克及蘇黎世等依據各邦的憲法所建立的原則集結成邦聯。他們相互保障各自的憲法、土地、自由及獨立，抵制外強及反對劫奪別的邦郡或一個特別部分。

第 二 條　所需的 15,203 名部隊或是金錢依以下比例，由各個邦郡提供。伯恩分攤 2,292 名，蘇黎世 1,929 名……。

第 三 條　在瑞士再也沒有臣屬之邦 (pays sujets)，也沒有地域、出身、個人或家族的特權。

第 四 條　每個瑞士公民可隨意遷居在另一個邦郡，並在該地自由謀生；依據所居的邦郡法律擁有政治權；但不可以同時在兩個邦郡享有政治權。

第 五 條　……在瑞士境內不可訂定入市稅、進口稅、過境稅或關稅。

第 六 條　每個邦郡保有為了修築道路而課取的通行稅。

第 七 條　在瑞士鑄造的貨幣由國會訂定統一的成色。

第 十 條　禁止邦郡與邦郡之間，或是邦郡與外國間的結盟。

第十一條　每個邦郡享有凡是沒有明示讓予邦聯當局的所有權

力。

第二十條　在某一邦郡發生叛亂時……，邦聯首長 (landammann) 調動從一個邦郡到另外一個邦郡的部隊；但只有在邦郡的大或是小議會要求救助，及邦聯主導邦郡的小議會的同意下才能調動部隊。

第二十五條　每個邦郡可以派一個議員，也可增添一位或是兩位顧問，如議員缺席或是生病時可以替代之。

第二十六條　在國會的議員的權力有限制，並要接受指令。不可違反指令投票。

第二十八條　……凡是有人口超過十萬（即伯恩、蘇黎世、沃、聖加崙、阿爾高及格勞賓登）的議員享有兩票。

第 三 十 條　對外宣戰及和平或是結盟條約的簽署權屬於國會，但必須有三分之二的邦郡的同意。

第三十二條　只有邦聯政府能夠簽署有關貿易以及為外國服務的讓步條約。邦聯政府可以授權給邦郡與外國進行特殊的事項來往。

第三十八條　如果邦郡之間的爭議無法透過仲裁解決，則邦聯政府可以宣判（……）。

第 四 十 條　所有以前的條款與本〈調停法案〉以及十九個邦郡的憲法相違背的全部廢除；任何攸關邦郡的舊體制以及邦郡之間的關係法律不能夠建基於瑞士的舊政體上。

經過考量，依我們調停資格以及上面所表達的保留，裁定如下：

第一條　1803 年佛立堡為邦聯主導邦郡。

第十條　4 月 15 日本憲法將生效。6 月 1 日，每個邦郡選派代表參加聯邦議會並草擬指令；本年 7 月的第一個星期一召開聯邦議會。（……）

本〈調停法案〉經過智者及崇善之友間漫長的議論而產生，對我

們而言，此一法案包含著能夠維護瑞士人的和平及幸福最適切的條款。

一旦這些條款實施，法國軍隊將自瑞士撤退。

依據本〈調停法案〉所組成的瑞士我們承認為一個獨立的國家。我們保障邦聯憲法以及每個邦郡的憲法，反對任何會危害瑞士寧靜的敵人；我們答允繼續維持數世紀以來團結法瑞兩國的親善關係。

法案定於巴黎共和第十一年兩月三十日

（共和曆五月，即西元 1 月 20 日或 21 日到 2 月 19 日或 20 日）

拿破崙

1815 年拿破崙潰敗，於該年舉行的維也納會議中歐洲各國正式承認瑞士為一永久中立國家。第一次世界大戰後在〈凡爾賽條約〉又確定瑞士此一永久中立的地位。瓦雷、諾夏德及日內瓦於 1815 年加入瑞士聯邦，總數達二十五個邦郡。一百六十九年後，1974 年最後一個加入瑞士聯邦的是朱拉邦郡。它其實是自伯恩邦郡脫離，1979 年才成為一獨立自主的邦郡。

第三節　反法同盟進駐瑞士

拿破崙時代還沒有正式結束前，歐洲的王公貴族封建政權頻頻合縱連橫進行軍事聯合，1813 年 10 月在來比錫戰役後，奧國、普魯士及俄羅斯軍隊集結在瑞士的邊界，準備越境進入法國痛擊拿破崙。面對此一局勢，瑞士聯邦會議雖然發表中立聲明，並匆匆沿著萊茵河布署一萬人馬，可是瑞士軍隊已經來不及阻擋聯軍，1813 年底十三萬奧國、普魯士及俄羅斯沙皇的軍隊已經進入瑞士西北部，經巴塞爾、伯恩及洛桑急速揮軍入日內瓦，12 月 31 日瑞士宣布恢復共和體制。

伯恩邦郡也立即利用外國封建王朝的軍事干預恢復貴族統治體

制，並下令以前受制於伯恩的沃邦郡及阿爾高繼續以前臣屬的關係。可是其他十邦郡（伯恩、索羅頓及下瓦爾登例外）卻發覺〈調停法案〉機制依然還在運作，只是認為在瑞士不應該有臣屬的邦郡，如此與自由人民的權益相違背。接著索羅頓、佛立堡及琉森也相繼棄置〈調停法案〉，恢復舊的封建貴族政治體制，其他小邦郡也忙著爭取失去的疆土，聖加崙修道院院長王公也爭著奪回世俗管轄權的土地。

法國大革命後，封建體制動搖，瑞士經過十六年依附在法國「調停」下的秩序，幻想可以再回復到往昔的舊封建體制。無疑的法國大革命及拿破崙介入瑞士政治對十九世紀瑞士聯邦體制的發展有結構性的影響，至少法國大革命的平等、自由及博愛理念對於數世紀來由寡頭貴族支配瑞士各邦郡的政治體制有了極明顯的衝擊，形成了激進及保守邦郡兩種潮流對立的演進。實際上，拿破崙時代的終結，在 1815 年維也納會議有恢復過去舊體制、貴族特權的企圖，瑞士在歐洲新秩序下也尋求其生機。瑞士舊體制貴族統治下的邦郡也企圖恢復特權，可是沒有完全成功，各邦郡平等的精神依然存在。

在這段動盪不安的時期，瑞士的邦郡呈現各自為政的局面，連鬆散的邦聯形式也幾乎無法維持，歐洲各列強對瑞士的局勢也表關切，透過各種管道進行整合，沃邦郡的德拉阿博也設法向曾受教於他的沙皇亞力山大一世請求介入，希望能夠讓沃邦郡保持獨立自主，不再受伯恩邦郡的騷擾。瑞士代表與普魯士、英國、奧地利及俄羅斯等列強討價還價，伯恩邦郡依然極力要求已經於 1803 年獨立成邦郡的沃邦郡及阿爾高再依附臣屬於伯恩，要求無果，列強才以原屬於巴塞爾主教區天主教法語群的朱拉地區為代價將之補償給伯恩邦郡。由於處於邊緣山區，朱拉居民長期以來感受到被伯恩邦郡遺棄或是在政治、經濟上飽受不平等的差別待遇，因此日後才有在二十世紀第二次世界大戰後尋求脫離伯恩邦郡的分離運動，1979 年終於成為瑞士第二十六個邦郡。

1814 年瑞士形成兩個國會對峙，十個新的、進步的邦郡選在蘇黎

世，八個舊體制的邦郡及中部山區森林小邦郡則在琉森各自擁有國會。本來格勞賓登邦郡有脫離瑞士的意圖，最後在俄羅斯外交官的斡旋下加入蘇黎世的國會。1815 年又有三個法語族群邦郡瓦雷、諾夏德及日內瓦加入瑞士邦聯。

　　經過一年多的合縱連橫協商，終於在 1815 年 8 月 7 日簽署〈聯邦公約〉(Le Pacte fédéral du 7 août 1815)，二十二個獨立自主的邦郡組成瑞士邦聯 (La Confédération suisse)。

　　該約第一條開宗明義的標示得很清晰：「二十二個瑞士主權獨立的邦郡，即蘇黎世、伯恩、琉森、烏里、舒維茲、下瓦爾登、格拉盧斯、祖克、佛立堡、索羅頓、巴塞爾、夏佛豪森、阿本澤爾、聖加崙、格勞賓登、阿爾高、圖爾高、堤奇諾、沃、瓦雷、諾夏德及日內瓦為了共同安全，為了保衛自由及獨立免於受外國的襲擊以及保衛內在的秩序及寧靜，依本〈聯邦公約〉而聚集在一起。依據〈聯邦公約〉的原則各邦郡相互保障由各個邦郡最高權力所制定的各邦郡憲法。同樣的相互保障各邦郡的疆域。」

圖 23：1815 年〈聯邦公約〉的封面

　　1815 年的瑞士還沒有聯邦憲法，要等到 1847 年內戰結束，於 1848 年所制定的新憲法，瑞士才擁有超於邦郡體制外的聯邦政府。

　　除了獨立自主的邦郡外，為了維護瑞士的中立，邦聯部隊由各邦郡依人口比例每一百人攤派兩人加入（〈公約〉第二條）；邦聯的費用及戰爭的支出由所有的邦郡依人口比例分攤之。為了戰爭支出特別成立了邦聯戰爭專款，由非必需品進口稅挹注（〈公約〉第三條）；一旦有外在或內在的危險，每個邦郡有權要求邦聯展現忠誠態度。在某一邦郡發

生內亂時，可要求其他邦郡支援，主導邦聯的邦郡立即受通告。危險
延長時，邦聯議會在該邦郡要求下採取其他措施（〈公約〉第四條）；
在〈聯邦公約〉中沒明文保障的邦郡間爭議將依法處理。每個邦郡可
以選擇其他邦郡兩位法官，如果兩造同意，只推舉一位，以協調方式
和解雙方的紛爭。如果還無法達成和解，裁判法官可以再尋找一位超
然邦郡的法官進行和解（〈公約〉第五條）；〈公約〉明文禁止邦郡間進
行有害於〈聯邦公約〉或損及其他邦郡的權益而結盟（〈公約〉第六條）；
邦聯承認在瑞士再也無臣屬的地域。任何邦郡不能給予任何市民階級
特權（〈公約〉第七條）；邦聯議會由二十二邦郡大使組成。每一邦郡
有一票，大使依每一邦郡的訓令投票。邦聯對外宣布戰爭並締結和平
條約。要三分之二的絕對多數才能與外國簽署條約，其餘議題，只要
過半數就可通過。通商條約由邦聯議會簽署。邦聯議會採取各種措施
以確保邦聯內外安全（〈公約〉第八條）；只要有三分之二的邦郡同意，
可給予主導邦聯的邦郡全權（〈公約〉第九條）；每兩年主導邦聯邦郡
由蘇黎世邦郡、伯恩邦郡及琉森邦郡輪流擔任（〈公約〉第十條）；對
某邦郡市民及其他邦郡的市民所施用的警察條款一律適用。已同意的
關稅或是通行稅繼續使用。如無邦聯議會的同意不可課徵其他關稅或
通行稅（〈公約〉第十一條）；既有的修道院及其財產屬於各邦郡管轄，
並保障之。但與其他個人財產一樣的繳稅及公共捐（〈公約〉第十二條）；
凡不違背〈聯邦公約〉的原則，自 1803 年以來的〈調停法案〉(concordats)
全部承認（〈公約〉第十四條）。

〈公約〉名為聯邦，其實只有其名無其實，實際上是一種中世紀
遺留下來的共同防衛組織。就算簽署〈聯邦公約〉，實際上瑞士依然在
政治上及經濟上未整合，沒有共同的貨幣，度量衡也沒有統一，也無
全瑞士通行的郵遞制度，瑞士各邦郡可說與 1957 年西歐六國簽署〈羅
馬條約〉以前的法、西德、義大利、荷、比及盧森堡諸國一樣，沒有
共同市場，各邦郡都有各自的關卡。連軍隊也是各邦郡各自擁有，倒
是軍官則集中在伯恩邦郡頓恩 (Thun) 市的中央軍事學校受訓，這對瑞

士現代化大有助益。

　　事實上，在 1820 年代，高原地帶的都市化邦郡（如巴塞爾、蘇黎世及伯恩等），受限於市場的分割，無從發展產業經濟，自然有修改〈公約〉的訴求，擴大瑞士整體的經濟市場結構，但是阿爾卑斯山區農牧傳統邦郡則深怕改革衝擊固有的權益。這一潛在的矛盾在短短的二十幾年終於爆發出影響瑞士政體的結構性內戰。

第四節　維也納會議與瑞士永久中立體制的確認

　　1814 年 9 月到 1815 年 6 月在維也納舉行的會議是由奧地利、俄羅斯、普魯士及英國主導，確定拿破崙戰敗後影響十九世紀歐洲新秩序的一個重要的會議，主要的目的是要締造國際強權的均衡局勢，以確保和平，瑞士的永久中立體制就是在維也納會議所確立的。奧地利外相梅特涅親王 (Prince Klemens von Metternich) 是會議的靈魂人物，俄羅斯的沙皇亞力山大一世及普魯士的哈登堡親王 (Karl August von Hardenberg) 參與，英國則先後由外相卡斯利子爵 (Viscount Robert Castlereagh) 及威靈頓公爵 (Arthur Wellesley) 代表，本來列強不讓法國、西班牙及其他小國發聲，但法國的外交官泰雷宏親王 (Prince Charles Maurice de Talleyrand) 卻巧妙地聯合英國與奧地利展現其外交長才，不因拿破崙的潰敗損及法國的基本權益。瑞士邦聯雖然指派三名代表參與會議的協商，但實際上有些邦郡也有代表列席，像沃邦郡、阿爾高、堤奇諾、巴塞爾及聖加崙的修道院長都出席盛會。1815 年 3 月 1 日拿破崙只帶領一千名軍隊，從法國南部一路上來，迫使列強在維也納會議為瓜分疆土而討價還價有了戲劇性的轉變，列強決定立即結合軍隊對付拿破崙。1815 年 3 月 13 日拿破崙抵達巴黎，擊敗路易十八的軍隊，又自封皇帝，但好夢難圓，僅統治一百天，於 1815 年 6 月 18 日在現今的比利時滑鐵盧 (Waterloo)，拿破崙軍隊被英、荷及普魯士聯軍擊潰❺。在滑鐵盧戰役還沒開啟時，維也納會議已於 1815 年

6 月 8 日結束,簽署和約,確定瑞士三個新的法語邦郡:
日內瓦、沃及諾夏德加入邦聯,但瑞士卻沒增加現屬法
國的謬盧斯及東南部瓦德林 (Valteline) 奧地利的疆土,
不過列強都一致承認瑞士永久中立的體制。維也納會議
也重新劃分了歐洲的版圖,當然拿破崙所侵占的領土全
部歸還,挪威劃歸於瑞典,俄羅斯瓜分芬蘭,控制波蘭,
普魯士也分得薩克遜、萊茵河畔部分及西伐里亞等疆
土,奧地利取得義大利的倫巴底及威尼斯。這一列強瓜
分土地的結果卻也維持了歐陸將近三十年的和平。

維也納會議後,又於 1815 年 11 月 20 日在巴黎由
奧地利、法國、英國、葡萄牙、普魯士及俄羅斯等列強
簽署保障瑞士永久中立、土地不可分割及外國勢力不可
介入瑞士的決議書。「瑞士的中立及不可侵犯,以及其
不受外國影響的獨立性是整體歐洲的真正利益」。

瑞士雖然被列強承認為永久中立國家,且名為邦
聯,其實當時的瑞士僅僅是個各主權獨立邦郡的防禦共
同體組織而已。更何況關稅壁壘相當嚴重,從 1815 到
1824 年又增加了七十個關稅障礙,使得瑞士邦聯境內
總共有四百個關稅障礙,比其他國家的市場分割得更細
小。從瑞士東部的聖加崙要輸出到法國中部的里昂
(Lyon),貿易商寧願經由德國南部過關輸出,放棄伯恩
及日內瓦較近的路途,主要的原因還是關稅的考量。

第五節 「分離同盟」(1845〜1847) 與瑞士內
戰

大多數讀者或許對美國的南北戰爭 (1861〜1865
年的內戰) 多少不生疏,可是對瑞士這個祥和的永久中

立國也曾有過內戰的歷史恐怕就瞭解不多，甚至也覺得不可思議。不過與美國大規模的內戰相比，瑞士的分離同盟戰爭 (Sonderbundskrieg) 相當短暫，大概是世界史上死傷最少的內戰之一，一百二十八人戰死，四百三十五人受傷❻。在日內瓦出身的杜福將軍 (Guillaume Henri Dufour)❼的統帥下，於 1847 年 11 月以優越的戰略及軍事實力懸殊在二十五天快速地擊敗「分離同盟」的保守天主教七邦郡，使得寄望列強介入防衛七邦郡的「分離同盟」士氣瓦解。戰勝的聯邦統帥杜福將軍採取寬宏大量的政治手腕，他不將「分離同盟」當外敵，何況聯邦軍內也有不少天主教徒，乃在敉平叛亂軍後，立即撫平雙方因戰事可能發生的敵視怨恨。不過天主教教士從此不可擔任邦郡或聯邦機構的官職及教職，瑞士的耶穌會被懷疑主導「分離同盟」，內戰失敗後終於遭解散的命運。

　　從十六世紀開始的宗教改革，瑞士就有了宗教信仰衝突的危機，分裂成基督新教與天主教反改革不同的邦郡，法國大革命後，瑞士經歷了產業快速的變遷，使得內部又產生了不同程度的分裂，在十九世紀前半葉瑞士明顯的有了較現代化、激進及自由的大多數邦郡與保守、傳統、務農的少數邦郡對立。這一裂痕又表現在邦聯中央政府與獨立自主性高的邦郡的緊張，大多數激進、自由、現代化的邦郡較傾向擁護邦聯中央政府，而保守、傳統及務農的邦郡則深恐受到其他邦郡透過中央政府的壓力損及其權益，何況大部分都市邦郡崛起的激進黨敵視天主教，1841 年阿爾高邦郡決議關閉所有的修道院。琉森邦郡執政的民主天主教黨乃反制，於 1844 年召回耶穌會教士，負責中學教育。本來每個邦郡有獨

❻美國內戰傷亡戰士高達六十二萬人。

❼ 1863 年在日內瓦擔任第一屆紅十字國際委員會主席。

立自主的教育權，可是在激進基督新教邦郡眼中，耶穌會教士是羅馬教皇的走卒，在瑞士國會的一位阿爾高議員還曾提議嚴禁耶穌會的活動。其實在佛立堡、瓦雷及舒維茲等邦郡耶穌會教士一直都擔任教職，但琉森是邦聯的領導邦郡，將邦郡的教育委請耶穌會教士負責有挑戰的意義，琉森邦郡內的急進派暴力侵襲，面對此種不安的新形勢，尤其是急進黨要求邦聯轉型為更中央集權的瑞士聯邦體制，衝擊到農村、保守及天主教的邦郡權益，因此八個邦郡於 1845 年 12 月 11 日組成防衛性遠大於陰謀性的「分離同盟」。剛開始時是祕密結盟，但翌年 (1846) 卻公開了，其誓約共有五條，第一條明文標舉，「琉森、烏里、舒維茲、上瓦爾登、下瓦爾登、佛立堡、祖克及瓦雷等邦郡，依 1815 年 8 月 7 日所簽的〈聯邦公約〉或是更古老的盟約，發誓一旦任何一個邦郡或是數個邦郡的土地或是主權被攻擊時，相互提供各種手段支援防衛。」

依照 1815 年的〈聯邦公約〉第六條明文「禁止邦郡間進行有害於〈聯邦公約〉或損及其他邦郡的權益而結盟」，雖然有些學者認為此一同盟還不至於嚴重到有違〈聯邦公約〉的精神，不過第六條明文規定得很清楚。但布斯卡 (Bousquet) 認為是 1847 年內戰爆發時才結盟。如果僅是瑞士國內邦郡間的結盟還不太嚴重，問題是「分離同盟」八邦郡卻與歐洲列強聯繫，簽署和約，奧地利、普魯士及俄羅斯都答應外交斡旋，奧地利甚至提供資金，新教徒基佐 (Guizot) 執政的法國及薩丁尼亞王國供應武器。

激進自由黨反對八邦郡結盟之舉，中央政府僅以十二票對十票的差距於 1847 年 7 月宣布此一結盟邦郡違反瑞士憲法，要求解散，但遭拒後，國會立即組成聯邦軍。中央軍在杜福將軍統帥下，以優越的戰略及軍力在短短的三個多星期於 1847 年 11 月結束內戰，「分離同盟」瓦解。列強也因此失去軍事干預的對象。

戰勝的激進自由黨不乘勝要脅戰敗的傳統保守的天主教邦郡屈服，相反的卻以寬宏的大格局，邀請被解散的「分離同盟」邦郡平等共同於 1848 年 2 月起草制定新憲法，終於 1848 年 9 月經過國會及全

民的投票，確立了給予聯邦政府更大權力的憲法，結束了鬆散的邦聯體制。各邦郡釋放出部分的主權，交付中央政府，由坐落於伯恩市的聯邦政府統籌主持外交與軍事事務。

　　內戰可說是瑞士現代化的觸發劑，讓瑞士從鬆散的共同防禦的邦聯演進成擁有中央政府的聯邦體制的國家。瑞士終於統一了貨幣、度量衡、郵政及共同的關稅制度，交通運輸快速進展，特別是鐵路突飛猛進。市場的擴大，企業自由化的結果，勞動人口也直接有了快速的回應，經濟自然活絡繁榮起來。

第六節　近代瑞士傑出思想家

　　許多瑞士的名作家、藝術家或是科學家都揚名於國外，像福斯利 (Johann Füssli) 常年住在英倫從事藝術，卡多爾 (Augustin de Candolle) 則在法國進行植物的研究。

　　倒是裴斯達洛齊在瑞士進行教育的改革，他以具體的事物輔助學

圖 24：現代基礎教育的先驅裴斯達洛齊雕像

童瞭解抽象觀念，並以團體的活動及共同的朗誦教育孩童，取得輝煌的成就，1805 年他在易北冬創辦了一所寄宿學校，影響了不少歐美各國的基礎教育。普魯士的哲學家費希特 (Fichte) 將裴斯達洛齊的教育理念納入他的強化德意志國家計畫綱領。

被比喻為與古代羅馬有名的史學家塔西圖斯齊名的繆拉，從 1786 到 1808 年撰寫了巨著《瑞士邦聯史》，對於鞏固瑞士民族信心貢獻至鉅，建構了威廉特爾的傳奇，後來日耳曼戲劇家席勒根據此段歷史撰寫了同名的劇本。1810 年五十八歲的繆拉，開始動手書寫《二十四本一般通史》(*Vier und Zwanzig Bücher allgemeiner Geschichten*)，之後受邀跟隨美因茲 (Mainz) 的選侯，最後還當過西伐里亞教育總監。

瑞士思想家、經濟學家也是有名的史學家希斯蒙地 (Jean-Charles Léonard de Sismondi, 1773～1842) 與史泰爾夫人 (Madame Germaine de Staël) 一樣聞名於世。希斯蒙地祖籍義大利，恐怕是因為宗教信仰關係，家族曾移居法國，後在瑞士定居，其父為喀爾文教牧師，1773 年生於日內瓦，十七歲就開始在里昂一家銀行工作，後來從事商業，法國大革命時避居英倫及義大利，在托斯坎納地帶經營過農場，對農業生產有第一手的經驗，1801 年出版了他的第一部著作《托斯坎納農業圖表》(*Tableau de l'agriculture toscane*)，受到英國亞當斯密的影響，1803 年發表了《商業財富論》(*Traité de la richesse commerciale*)，了無新意，倒是 1818 年後再度到英倫，考察了產業革命後，對現代化工廠發展及資本主義週期性的危機，特別是目睹了當時英國經濟蕭條有了深刻的印象，乃孕育出他的經濟理論，算是凱因斯 (John Maynard Keynes, 1883～1946) 一般就業理論的先驅者。1819 年他出版了《政治經濟新原理》(*Nouveaux principes d'économie politique*)，也是亞當斯密《國富論》的法文翻譯者，批評法國古典派經濟學者，《供給創造需求原則》(*Loi des débouchés*) 的理論家塞伊 (Jean-Baptiste Say, 1767～1832) 的主張，對李嘉圖 (David Ricardo, 1772～1823) 於 1817 年出版的《政治經濟學原理》也無法接受。他質疑塞伊的理論，以當時的英

國及義大利為例，古典派理論無法解釋過度生產所引發的蕭條。技術日新月異，生產速度大為增加，可是消費者的購買力卻不增，而購買力低落是因為工人的所得（工資）過低，而蕭條的結果，失業增加，勞動者陷入淒慘境遇，連帶也影響到市場滯銷，惡性循環的結果終究觸發了社會貧困的現象。希斯蒙地推翻了古典派那隻「看不見的手」，即市場自動調節機制的功能。

圖 25: 啟蒙時代瑞士思想家希斯蒙地

　　希斯蒙地分析勞工的需求應該優先於生產，而生產則由消費水準決定之，但消費卻又取決於經濟活動者（勞動者）的所得收入，要是勞動市場無法暢通，整個生產體系將會因產品的滯銷而引發經濟危機。因此他得到一個結論：如果無法改變經濟制度，購買力停滯不增的危機將無從消除。

　　希斯蒙地可說是十九世紀初的社會經濟學者，其批評並不是因為古典派經濟理論有其缺陷，而是來自他觀察到勞動者的生活條件的苛刻嚴峻。對他而言政治經濟學應該跳脫抽象理論的建構，相反的應該是用來推動社會的改革，建立濟貧行善的實用社會科學。他不反對私有財產，也接受市場機制的運用，但無法忍受社會不公正，因此他主張國家應該介入經濟，藉以規範「放縱的競爭」的後遺症。馬克思雖然認為希斯蒙地是個浪漫情懷的經濟學家，不過對其關切社會經濟，特別是留意分配，涉及社會公義，而不僅僅注重財富的創造給予很高的評價。希斯蒙地可說是捍衛勞動者最低薪資及對勞工意外及生病時的權益的經濟學家，是個道地走在時代前端的人道經濟學者。

　　希斯蒙地也是有名的史學家，其十六大卷的《中世紀義大利共和國史》(*Histoire des républiques italiennes au moyen-âge*)，影響了義大利復國運動 (Risorgimento) 的愛國革命志士曼卓尼 (Manzoni)、馬志尼

(Macini)，加富爾 (Cavour) 等。其費時二十三年之久所撰著的三十一卷《法國人史》(*Histoire des français*) 與米歇萊 (Jules Michelet) 的法國史巨著齊名。

第六章
瑞士聯邦體制的確立與發展

　　第五章提及的瑞士內戰（「分離同盟」戰爭）❶，在短短的三個多星期內，以傳統保守天主教邦郡為主的「結盟反叛軍」終究無法抵制強盛的聯邦軍，不得不匆匆繳械投誠，結束了瑞士歷史上非常短暫的內戰。事實上，在內戰爆發前，1847 年 8 月邦聯的「國會」就推派激進自由邦郡代表，成立委員會進行新憲的草擬。邦聯體制因此有了質的劇變，戰勝的邦郡積極推行增加聯邦權限的憲法修正，戰敗的邦郡雖然以平等的地位參與制憲，但接受大多數邦郡的決議案，將 1815 年的十五條〈聯邦公約〉，實際上是邦聯的體制改成中央政府（即聯邦政府）擁有實權的聯邦體制，今日瑞士施行的聯邦直接民主政治國體是以 1848 年的憲法為基礎建構的，採三權分立的憲政體制。

第一節　瑞士聯邦的演進

　　1848 年憲法簽署前的瑞士邦聯體制與聯邦體制之

❶此一內戰實際上是專制與民主、天主舊教與基督新教之爭，不是族群之爭（專制的、保守的天主舊教法、德語族群邦郡聯合，首先是祕密，接著公開組成「分離同盟」以對抗法、德族群進步、開明的基督新教邦郡）。

主要差異在於邦聯體制是建基於各個主權國家（邦郡）集合成立一個契約的聯盟，參與邦郡同意將部分的權力釋出給予共同的機構運作。此一共同機構要增加權力時，一定要各邦郡的同意，才有望達成，換句話說，在1848 年以前瑞士的邦聯國會體制 (La Diète fédérale) 對各獨立自主的邦郡內部事務，除非邦郡同意，否則無法過問。至於聯邦體制，則與邦聯體制大不相同，本身擁有超邦郡的獨立運作的中央政府機構，但與其他還維持獨立自主的邦郡協作，發展瑞士整體國家長期的利益。

為了促進瑞士經濟的發展，1874 年 5 月 29 日又大規模修憲一次。儘管之後瑞士曾數度修改憲法❷，但基本民主體制（半直接的創制公投）架構，迄今都沒有更改，瑞士各個邦郡擁有很大的自治權力，譬如說，每個邦郡的社群區 (Commune) 授予公民權，而不是聯邦政府。每個邦郡各自擁有獨立的財稅（直接稅），教育及相當自主的行政暨司法體系。另外各個邦郡也擁有獨立的憲章、議會及邦郡政府。

1848 年新的《聯邦憲法》通過後，等於宣布邦郡絕對獨立自主的主權消失，連天主教耶穌會也被驅除，不准在瑞士生根存在，所有新的宗教修會團體也在禁止之列。

為了確保族群的和諧，1848 年《聯邦憲法》確定德、法及義大利語為國家語文，人民有遷徙的自由。

其實 1848 年整個歐洲捲入洶湧澎湃的革命大浪潮，而這一年馬克思、恩格思也分別以英文、德文、法文等重要歐洲語文，發表了兩人起草的〈共產黨宣言〉。在歐洲革命漩渦的大環境下，國外列強自顧不暇，當然無法介入瑞士的國內事務。這時的瑞士疆土，1815 年才

❷1848 年到 1975 年共修改憲法八十四次，平均還不到兩年就修正條款一次。如果說 1848 年憲法的制定是屬於政治的範疇，那麼 1874 年的大規模修憲是為了反映經濟發展的需要，第二次世界大戰後 1947 年通過老年保險條款，則可說是以社會訴求為主軸，1999 年嶄新的憲法則是面對全球化的挑戰。

加盟的諾夏德邦郡「歸屬」的老問題還沒有「完全解決」。

　　原來諾夏德在十一世紀就劃歸勃艮第王朝，自 1505 年奧爾良、隆格維爾王朝相繼管轄，自 1707 年至 1805 年歸入普魯士版圖，1806 年拿破崙占領大部分歐洲的土地，乃將諾夏德交由柏諦葉將軍 (Louis Alexandre Berthier, 1753～1815) 統治。拿破崙帝業潰敗後，1815 年諾夏德、日內瓦及瓦雷三個法語邦郡加入瑞士邦聯，可是諾夏德邦郡卻同時承認普魯士王的威權一直到 1848 年。1848 年 3 月 1 日一支由共和主義者領導的起義軍自朱拉山脈急劇下山占據邦郡的首邑，宣布共和。當時普魯士王腓特烈威廉四世 (Frederick William IV, 1795～1861) 也捲入革命漩渦，無法軍事介入諾夏德邦郡，這個名義上依然是「臣屬」於普魯士的疆域。此一既成事實的戲劇性轉變，終於確定了瑞士的疆土迄今。諾夏德邦郡雖然宣布了共和體制，不再「臣屬」於普魯士王國，不過普王並不願立刻自動放棄主權，因此諾夏德邦郡真正不再「隸屬」於普魯士王國卻要等到 1857 年。

　　今日聯邦體制是依 1848 年制定的憲法所建構的，不過當時的權限相當有限，史稱瑞士中央政府的權限低得如夜巡治安的國家 (Nachtwächterstaat)。如今瑞士有一大堆複雜的事務已經不是每個單獨邦郡能處理的，譬如環保、能源、新科技、治安、毒品管制、交通等所需龐大的資金及人員非由聯邦政府統籌處理不可。因此聯邦政府的權限隨著時代的轉變而漸次擴大，不過最後還是由全國人民及邦郡大多數用公民投票複決方式解決聯邦的權限。例如雖然聯邦政府建議加入聯合國及歐洲聯盟，但是公民投票否決，直到 2002 年 3 月 3 日公投通過後，才於同年 9 月 10 日正式成為聯合國第一百九十個會員國，但是迄今仍未加入歐洲聯盟。

第二節　1848 年制憲與三次大修憲

　　1848 年制憲要解決的是調和原來各自邦郡的獨立自主的主權與新聯邦體制的國家主權。既尊重從中世紀留下來的各邦郡人民的基本權益，又能夠讓瑞士聯邦政府運作，捍衛全體邦郡的安全。在研討制憲時激進自由邦郡代表曾一度企圖以各邦郡人口比例推選代表進駐單一國民議會，取代邦聯「國會」，但傳統保守的邦郡卻傾向維持舊體制，最後協商結果，保留「國會」，達成共識採取美國國會上、下兩院制模式：增加下院代表全國國民的「國民議院」(Conseil national)，當時決定，每二萬人選出一名代議員❸，上院代表各邦郡以前邦聯的「國會」則改稱為「邦郡議院」(Conseil des Etats)，每邦郡推派二名代表，半個邦郡一名代表❹。兩院合起來共稱為「聯邦議會」(Assemblée Fédérale)，是全國最高政治機構。兩院各自獨立運作，投票結果，兩院不一致時，再進行協商，只有兩院通過，法律才生效。除了這兩院制外，又有新猷，憲法可以全部或是局部修改，但要得到過半數的全民及大多數的邦郡同意才能夠進行修憲，另外人民有創制權，只要有五萬名公民的連署，可以要求任何由聯邦上下兩院通過的法案，再由全國人民複決之。只要有十萬名公民連署，隨時都可以創制，針對憲法的條文全國人民投票表決修正或揚棄之。

　　1848 年瑞士新憲法確立了瑞士現代化國家的誕生，各邦郡的關稅障礙全部廢除，統一聯邦對外關稅，換句話說，瑞士各邦郡終於擁有了共同市場。聯邦政府統籌軍事及對外關係的事務，確立郵政、貨幣及統一度

❸ 1848 年共選出一百一十一名國民議院議員。此一人口比例，一再增加，從二萬二千人選一名，到二萬四千人選出一名議員，最後於 1962 年確定全國國民議院議員總數為二百名，依比例代表制選出全國二百名議員。

❹ 1848 年邦郡議院代表（即議員）總共有四十四位。1979 年增加朱拉邦郡後，現共有四十六位。由各邦郡推選，選期由各邦郡自行決定。

量衡制度。1874 年大規模修憲，主要是要促進經濟發展，聯邦政府確立鐵路交通、公共衛生、保護工人權益及發明專利的立法權。

瑞士的政治體制一般政治學者都以 Swiss Confederation（瑞士邦聯）稱之。事實上，今日瑞士與美國，德國或是加拿大一樣都是聯邦體制的國家，Confederation 顧名思義中文應該譯成邦聯才正確。那是一種比聯邦還更鬆散的政治體制，加盟的邦聯國，本身中央行政機構幾乎沒擁有獨立運作的權力，甚至其機構並無體制化，加盟國獨立自主，財稅軍事等等是否協調完全看邦聯加盟國的意願而定。

一、1874 年修憲

十九世紀後半，自由主義者倒沒有受到保守的天主教或是傳統貴族勢力的威脅。但到了 1860 年代一股以農民、技匠、知識分子及保守聯邦反對的新興勢力崛起。反對勢力找到社會暨經濟改革的訴求，集結挑戰自由主義政權。1869 年，民主改革派在蘇黎世贏得了憲政的改革主導。自此而後，政府將藉由人民的選舉組成，議會的議案由人民投票裁決。之後，民主派在主要邦郡取得壓倒性勝利，終於迫使聯邦政府修正憲法。1874 年通過實施新的《聯邦憲法》。

二、1978 年修憲

憲法的修正是 1978 年 9 月公民投票後確定增加朱拉邦郡。除了憲法明定聯邦政府擁有的權限（直接與間接稅、民法、刑法、商法、外交、交通、郵政、運輸、貿易、鑄幣、社會保險、水電、森林、狩獵、婚姻、住居與國防）外，每個邦郡各自擁有獨立的財稅（直接稅），教育及相當自主的行政暨司法體系。每個邦郡各擁有憲章、議會及邦郡政府。

主要的政黨有激進民主黨 (The Radical Democratic Party)，主張強大的聯邦權限。基督民主人民黨 (The Christian Democratic People's Party)，反對權力的集中。社會民主黨 (The Social Democratic Party) 則

顧名思義，傾向於民主社會主義。瑞士人民黨 (The Swiss People's Party)，則是屬於右派政黨，另外還有少數黨，如獨立聯盟 (The Independent Alliance)，自由黨 (The Liberal Party) 及注重環保的綠黨 (The Greens)。雖然多黨，但基本上採合議制聯合政黨，政治又透明，對有爭議性的或是重大的議題，都能訴諸民意，以公民投票方式取代政黨的衝突或是分贓，因此瑞士的政局不會因多黨林立而呈亂象，政潮洶湧的情況絕難發生。

三、1999 年修憲

最近也是到目前為止最後一次的修憲是 1999 年。瑞士憲法為國家最高法律。現行憲法於 1999 年 4 月 18 日由公民投票通過，並於 2000 年 1 月 1 日正式施行。憲法內容包括瑞士聯邦之組成，公民的權利與義務，聯邦體制與邦郡制度，國家政策等。其特點為禁止在瑞士施行死刑，體現聯邦國家制度，許多權利與政策由各邦郡立法並執行。

第三節　瑞士民主聯邦體制：國家主權的分享

瑞士邦聯成立於 1291 年，但是現今的瑞士版圖直到 1815 年維也納會議才確定，當時歐陸各列強確認瑞士為永久中立國迄今。瑞士位居西歐重要戰略地帶，卻能確保其永久中立國的國際地位，這除了拜賜於瑞士地居險峻的高山地帶容易護衛外，最重要的是族群和諧、各族群強烈認同瑞士，對護土的決心視死如歸，使得法、德、義及奧地利諸列強從不敢造次妄想侵占瑞士。瑞士可以說是個多族群融合的國家，雖在第一次世界大戰曾有過瑞士德、法語兩大族群因戰爭所引發的族群鴻溝裂痕，但迄今卻無國家認同的危機。

從 1848 年瑞士實施政治三權分立，而後漸漸演進成三層（聯邦、邦郡、社群）合作分享權責制度以來，今日聯邦與邦郡之間的合作愈來愈緊密，甚至無從分隔。有些學者稱瑞士體制為「合作式聯邦體制」

(Cooperative federalism)，在 1970 年代曾嘗試在憲法上明確區分三層的改革，始終沒有結果。一百五十多年來憲法彈性的運作，能夠隨著時代的變遷而調適步伐，最可稱道的是憲政能夠保障少數族群的權益，尊重各邦郡的高度自主權。而十九世紀瑞士的鄰國如德國、義大利及奧地利都以高壓的政治手段處理少數民族的棘手難題。瑞士各族群卻在憲政體制設計下，相互容忍，相互尊重語言及文化的差異，不僅不強制融合少數族群，反而特意維護羅曼許的語言及其高山谷的生活方式。

依據瑞士《聯邦憲法》規定，瑞士聯邦議會（即瑞士國會）由上下兩院組成，是全國最高立法機構（第七十一條）；行政權由「聯邦政府」（Conseil fédéral, Federal Council, Bundesrat，即「聯邦委員會」或可譯作「聯邦部長會」）行使（第九十五條）。「聯邦政府」的組成相當精簡，僅有聯邦公共經濟部 (Federal Department of Public Economy)、聯邦財政部 (Federal Department of Finance)、聯邦外交部 (Federal Department of Foreign Affairs)、聯邦內政部 (Federal Department of Home Affairs)、聯邦司法警察部 (Federal Department of Justice and

圖 26：瑞士聯邦國會大廈

Police)、聯邦運輸交通暨能源部 (Federal Department of Transport, Communications and Energy) 及聯邦軍事（防衛）部 (Federal Military (Defence) Department) 等七個行政部門。每位聯邦部長（即聯邦政府委員）(Conseiller federal, Federal Councilor) 負責一個聯邦政府部門。瑞士國會上、下兩院，即「聯邦議會」聯席集會每四年改選一次「聯邦政府」七位部長（第九十六條）。「聯邦政府」主席（即瑞士總統，Bundespräsident）則每年也是由「聯邦議會」（上、下院聯席）的七位部長之中遴選一人輪流擔任之，副總統亦然。但憲法明文規定不得立即連任，要等到一輪後，才可以再任（第九十八條）。

瑞士的七位部長不是議會內閣制，由政黨聯合組成，每位部長掌理一聯邦政府部門，但集體負責，不因是少數黨選出的部長而被迫辭職（第一〇三條）。因此，瑞士聯邦政府相當的穩定，除非有特殊事故或是在任逝世，一般是四年一任，從 1848 年到 2002 年一百五十四年間總共只有一百一十六位聯邦部長，擔任最長久的達三十二年，是伯恩邦郡出身的申克 (Karl Schenk)，在任最短的是諾夏德邦郡的白立業 (Louis Perrier)，僅一年二個月。

瑞士聯邦政治體制主要是以直接與間接民主為主軸，根據主權在民的憲政原則，三權分立及比例代表制構成。任何瑞士聯邦法案一定要得到聯邦議會上、下兩院的通過才能施行（第八十九條）。瑞士的政治體制有個特徵，目前有兩個邦郡（格拉盧斯，內羅登阿本澤爾）還施行直接民主 (Landsgemeinde)。直接民主是每年由邦郡召開全邦郡民大會 (Assembly of all citizens of the canton)，可說是邦郡的最高立法決議機構。換言之，所謂的直接民主當然是相對間接透過選舉甄選代表處理公共事務的民主體制而言，直接民主顧名思義就是公民不必透過代表直接行使政權。這種體制牽涉到複雜的現代政治經濟的層面相當廣泛，對幅員廣大人口眾多的國家根本不切實際。在小鄉鎮、人口稀少的地方可施行，事實上，瑞士實施這種直接民主體制也侷限在少數小邦郡內，其他的邦郡與各國的代議制並無不同。1996 年 12 月 1 日

下瓦爾登邦郡取消直接民主，接著外羅登阿本澤爾於
1997 年 9 月 28 日及上瓦爾登於 1998 年 11 月 29 日先
後也放棄這種中世紀遺留下來的直接舉手投票的制度。

　　其他聯邦及絕大多數的邦郡都實行公民投票制與
創議制 (Referendum and initiative)，這種介於直接與間
接民主的體制對解決各種人民與國家間的問題很有效
益；凡是涉及複雜的政治社會經濟甚至是文化的棘手難
題都用公民投票解決之。這種「半直接民主體制」的公
民投票也是化解族群緊張矛盾關係的有效制度。

表 2: 瑞士三權分立的政治體制

	行政權	立法權		司法權
聯　邦	聯邦政府（聯邦委員會）	聯邦議會（即國會）		聯邦最高法院
	7 位聯邦部長❺由聯邦議會（即國會）選舉之。負責聯邦政府 7 大部門。其中 1 位每年輪流擔任瑞士總統	國民議院（下院）200 位國民委員由全民依邦郡人口比例選舉之	邦郡議院（上院）46 位邦郡委員，每邦郡選出 2 名。但 6 個半邦郡各選 1 名	39 名聯邦法官，40 名候補法官由聯邦議會選舉之
邦　郡（全國共 26 邦郡）	邦郡政府（委員會）	邦郡議會		邦郡法院
	每四到五年由各邦郡人民選舉邦郡部長（委員）5 至 7 名	議員由人民依比例制選舉之		由邦郡議會選之

❺瑞士聯邦部長的權力均等，無總理或是首相，被遴選輪流擔任一年的總統，只是負責禮儀象徵性的，其權力並不高於其他部長。瑞士聯邦政府部長採一致決合議制，以達到共識，是個共同負責的政治體制。全世界先進國家中政府部門最精簡的無疑是瑞士，僅有七位。

❻社群區是瑞士民主體制最基本的單位,遠早於邦郡及聯邦體制,事實上瑞士公民權是源自社群區,各社群區與邦郡一樣享有某種程度的自主性。瑞士的社群區大小不一,有的邦郡僅有極少數的社群區,如巴塞爾市區邦郡僅有三個社群區,而伯恩邦郡及沃邦郡則各有超過七百五十個社群區。全國社群區平均人數約在二千四百之譜,占地約一千三百六十公頃。

社群區❻ (全國約有 2,889個社群區)	社群區政府 (委員會)	社群區議會	縣鎮法院
	由社群區公民選舉政務委員	小社群區議員由公民直接選舉之。大的行政社區議員則依人口比例選舉之	由數個社群區組成縣鎮的人民選舉之,或由邦郡當局任命

摘自 Wolf Linder, *Swiss Democracy*, 2nd Edition, 1998, p. 9.

表 3:聯邦與邦郡分層擔負權責

	聯邦獨享立法權責	聯邦立法、邦郡執行	聯邦、邦郡共享立法權責	邦郡獨享立法權責
外交關係	✓			
國 防	✓			
關稅稅則、通貨及貨幣制度	✓			
郵政、電傳通訊、媒體	✓			
鐵路、航空、原子能	✓			
水力發電			✓	
公 路			✓	
貿易、工業、勞工立法			✓	
農 業		✓		
民法、刑事法	✓	✓		
警 察				✓
教 會				✓
公學校、教育			✓	

財　稅		∨	
社會安全、保險	∨	∨	
環境保護		∨	

社群區權責：

1. 建設及監督地方道路。

2. 在都市社區：地方公共運輸制度。

3. 瓦斯、電氣、供水及清除服務。

4. 地方計畫。

5. 教員徵選、學校建築。

6. 預算責任、徵稅。

7. 公共福利。

資料來源：Juerg Martin Gabriel, *Das politische System der Schweiz*, Bern und Stuttgart: Haupt, 1990, p. 97; Wolf Linder, *Swiss Democracy*, 2nd Edition, 1998, pp. 41–42.

圖 27：瑞士第一位女性總統德蕾福絲

瑞士的聯邦體制一般都稱為由下而上的民主制度，是透過歷史上邦郡的聯合防衛之需而形成的政治體制。

凡年滿十八歲的公民就擁有投票權，一直到 1971 年，全國婦女才有聯邦議會的投票權，1984 年 10 月 2 日瑞士國會上下兩院選出自由民主黨籍的柯普 (Elisabeth Kopp) 為史上第一位聯邦女部長，1990 年全國各邦郡才賦予婦女參政權。1999 年德蕾福絲 (Ruth Dreifuss) 成為瑞士聯邦第一位女性總統。

第四節　獨立自主邦郡的特色

　　瑞士現今的政治結構建立在三個主要層次上：最小的地方自治體是社群區，然後是邦郡，最後是聯邦。每個層次都有其獨立自主的空間。三個政治層次間如有爭端，最後的決定權應該屬於邦郡或是社群區。換句話說，社群區享有相對的自主權，如果無法負起應有的責任，則由邦郡統籌負責，但邦郡又會釋放出部分的權限給聯邦，處理邦郡與邦郡之間或是瑞士與他國之間的事務。

　　實際上，瑞士各獨立自主的邦郡，是瑞士最古老、最重要的政治單位，遠早於瑞士聯邦成立，其實鬆散的邦聯是個主權獨立及各自擁有獨立外交的邦郡所組成的政治實體，因此如果不是內戰，是否能夠建構今日的聯邦政治體制，很難預料。1848 年《聯邦憲法》規定，凡是沒有明示交付給聯邦政府的權力一律由各邦郡保留。各個邦郡自主裁定組織形式，其中有三邦郡劃分成兩個半邦郡。邦郡各自擁有邦郡立法機構，即邦郡議會及行政委員會（即邦郡政府）。瑞士的直接民主體制，從邦郡的政治可以明白的顯現出來。有些人口稀少的邦郡，立法機構由出席的有投票權的公民直接以口頭發言確定議案。但是大多數的瑞士邦郡其立法機構（邦郡議會）都由邦郡公民選舉出代議員組成。

　　今日二十六邦郡依然是瑞士政治體制的主軸實體，每個邦郡都是以立法、行政、司法三權分立的民主體制運作。立法機構通常稱為邦郡議會 (Canton council)、大議會 (Grand council) 或是區議會 (Regional council)，依比例代表制票選組成。邦郡行政機構則由五位、七位或是九位由人民票選的成員組成。另外今日瑞士還有二個邦郡的成員，即格拉盧斯、內羅登阿本澤爾、採取所謂的直接民主體制，邦郡的選舉或是司法及行政攸關的公共事務票決，類似社群區的舉手表決，稱為 Landsgemeinde。每年一度在週日上完教會禮拜後，在一個社群區主要

的露天廣場舉行這種直接民主儀式。

　　濟格飛認為瑞士的真正民主體制建基於邦郡的獨立自主的運作上，聯邦政府反而只是行政管理的機構。雖然瑞士民主制不是反對國家體制，但卻是反對中央集權，可是無可懷疑的是瑞士聯邦政府從 1847 年內戰結束後，愈趨向中央的聯邦制度，這與現代國際經貿發展的走向有關連，邦郡各自為政的結果會損及整體的發展，以度量衡或是交通運輸而言，總需要聯邦政府協調。

　　依據瑞士邦郡憲法，每個邦郡政治組織由每四年邦郡人民選舉的邦郡議會 (Landrat)、邦郡政府（委員會）(Regierungsrat) 以及法官組成。由全民選出邦郡法官數位及政府部長五至七名，其中一名擔任邦郡首長 (Landamman)。

第五節　最基層政治單位：社群區

　　社群區是瑞士最基層的政治單位。瑞士公民資格表面上是聯邦政府授予，但是實際上是有了社群區公民的資格，才算是邦郡公民，最後才成為瑞士國民。原則上社群區保有相當大的自主性政治體制，這是瑞士民主體制的特徵，特別是在基本教育中可以反映出各個邦郡及社群區的獨立自主性，瑞士共有 2,889 個社群區，各自也擁有獨立自主的政治權力。幾個社群區再結合成縣鎮 (district)，由邦郡政府授權給予行政執行官 (Prefet, Prefect) 處理有關社群區的公共事務。

　　法律上各邦郡所屬的社群區較重要的權限是教育、社會福利、運動設施、消防、建築的檢驗、交通管制、民防、公共設施及地方的交通網等。此一瑞士最基層的民主體制可說是實踐了地方自治的精神，而不是透過抽象的國家體制解決人民日常生活的問題。基本上，社群區的最高決策機構是地方自治體大會 (Communal Assembly)，全體公民參與討論代表的產生或是議題辯論後的表決。社群區大會議員不是全職，通常都是業餘參與的。另外社群區的職員 (Gemeideammann) 則

負責行政工作。

如果社群區的人口眾多，則每四年由公民投票產生社群區議會 (Communal Parliament) 議員。議會代理選民決議，有時由全體選民複決。如果各個社群區太小，則需要社群區共同協調解決環保或是交通，文化設施等問題。有時為了行使選舉、行政或是司法由數個社群區成立縣鎮。

第六節　瑞士的教育制度

瑞士幾乎無文盲，所有的瑞士孩童都受過基礎（小學）教育（七歲到十四歲）。中小學的教育，既然是屬於邦郡的權限，就無所謂大一統的德語沙文主義或是法語沙文主義壓迫義大利語系或是羅曼許語系的情事發生，地方自治徹底實行。瑞士沒有其他意識形態的教條口號，在三權分立的基本原則運作下，並無特定族群受排擠壓迫的嚴重情事。

瑞士的教育制度特別是基礎教育（小學）從其聯邦體制清晰地反映出來。基本上瑞士教育體制是以邦郡為主體，除了德語蘇黎世聯邦理工大學與法語洛桑聯邦理工學院 (Ecole polytechnique fédérale de

圖 28：蘇黎世聯邦理工大學

Lausanne) 是由聯邦政府財政支助設立管轄外，聯邦政府不插足各邦郡的教育機構。小學教員是由各邦郡的社群區任命，大學教授則由邦郡政府聘任，道理很簡單，教育經費幾乎全由邦郡政府支付的。不過大學的研究經費部分則來自聯邦政府。

　　在十九世紀中葉，瑞士的小學課程內涵、學期長短、校舍設施及經費幾乎每個邦郡都不盡相同，有的農牧社群區夏忙需要人手，因此只有在冬季學校才開課。有些邦郡的小學教育是由教會（天主教）負責，其餘的是由政府部門全權處理。在 1847 年內戰結束後，激進派主導憲法的制定，將教育提升到邦郡層次，但聯邦政府意識到新興的國家及民主體制的建構教育扮演一個非常重要的角色，所以在 1999 年前的舊《聯邦憲法》第二十七條特意規範：「邦郡提供充分的非宗教團體管轄的基礎教育。這一基礎（小學）教育是強制性的，且在公立學校就學免費。」此一條文顯明的是不同意天主教會插手基礎教育，也就是承認只有公家機構才能夠統籌教育部門。此一規定影響了整個瑞士教育制度的發展。提供同等優質的教育內涵及訓練成了各邦郡追求的共同目標。1999 年新憲法更明確的分成兩條規範基礎教育。第十九條基礎教育權：「保障充分又免費的基礎教育權。」及第六十二條教育：「第一款：教育是屬於邦郡權限。第二款：邦郡提供所有學童充分的基礎教育。此一教育是強制性的，由公家機構主導或督導。在公立學校就學免費。學年從每年的八月中旬或是九月中旬開始。」

　　在憲法只提及充分的基礎教育，所謂充分的基礎教育指的是師資、小學生受教育的年限（各邦郡不盡相同，不過大概到學童十三、十四歲左右）、開學的日期、上課的時數或日數、班級的大小、課程的內容及教科書等等。事實上各邦郡，甚至各個社群區的教員薪餉都有很大的差異，因此發生好的教員尋求到財政充裕的社群區執教，如今名義上教員還是由各邦郡的社群區任命，但是在每個邦郡教員都領取同樣的薪俸。課程內容經過邦郡機構協調，邦郡津貼窮困的社群區教員的薪俸及校舍的修建。為了解決各邦郡教育經費之不足，舊《聯邦憲法》

第二十七條副款又規定:「(聯邦)提供各邦郡津貼協助其負起基礎(小學)教育的職責。」雖然有各種教育機構進行小學教育的協調,但是課程內涵及教科書,不提人文社會科學,連數學也有二十六邦郡不同教學版本!1973年3月公民投票拒絕通過由聯邦主導協調基礎教育的憲法修正案。

另外有關在小學學習第二語言(德語、法語、義語甚至是英語)各邦郡也有不同的規範,有的是在中學才開始,不過從1960年代有的邦郡則從小學四年級開始學習國家語言,一般而言羅蒙瑞士選擇德語文,阿勒曼瑞士則以法語文為第二語言,義大利語族群及羅曼許語族群也選德語為第二語文,法語文則成為第三語言。

但是高等教育並不是每個邦郡的財政都能夠負荷,所以大多數的邦郡還是沒有自己的大學。到1995年僅有十個邦郡擁有大學,其中蘇黎世及沃邦郡得天獨厚,除了普通綜合大學外,還有聯邦政府設立的蘇黎世聯邦理工大學。目前除了佛立堡大學是雙語大學外,法語大學有四所,學生人數約占全國大學總數的三分之一,1980~1981年外國留學生在法語大學註冊占全國的54%。佛立堡雙語大學外國留學生又占9%。德語大學有五所。以前堤奇諾邦郡或是羅曼許語系的學生都到德、法語邦郡的大學攻讀,有的乾脆南下到義大利的大學求學。或許以前認為僅有三十萬人口的堤奇諾邦郡沒有設義語大學的必要,再不然就是財政負擔不起,所以遲遲不曾設立義大利語系的大學。如今聯邦政府透過「瑞士大學會議」(Conference of Swiss Universities) 津貼各邦郡大學的支出。而於1996年才成立堤奇諾瑞士義大利大學 (Università della Svizzera italiana in Ticino),共有三個學院,即建築學院、經濟學院及傳播學院。其他沒有大學的邦郡,其子弟到別的邦郡求學,邦郡與大學經過協商,支付大學學費。

表4: 1980 年雙語暨多語邦郡的母語比例

邦　郡	全　　部		母　語 (%)				
	人　數	%	德　語	法　語	義大利語	羅曼許語	其　　他
伯　　恩	912,000	100	84	8	4	*	3
佛立堡	185,000	100	32	61	3	*	3
瓦　　雷	219,000	100	32	60	5	*	3
格勞賓登	165,000	100	60	1	13	22	4

* 少於 0.5%

表5: 瑞士公立高等學府

大　學	創立年代	教學語言	學院數	教師數（兼任）	學生數
巴塞爾大學	1460	德語	5	786	7,439
洛桑大學	1537	法語	7	770	8,500
日內瓦大學	1559	法語	7	363 (2,250)	13,474
蘇黎世大學	1833	德語	7	1,962	16,415
伯恩大學	1834	德語	7	500 (700)	10,000
洛桑聯邦理工學院	1853/1969	法語	11*	200	4,700
琉森大學	1600	德語	9		2,674
蘇黎世聯邦理工大學	1855	德語	19*	319	11,444
佛立堡大學	1889	法、德語	5	732	8,500
聖加崙大學	1898	德語	4	400	4,000
諾夏德大學	1909	法語	4	350	3,237
堤奇諾大學	1996	義語	3		

* 學系

第七節　直接民權和司法制度

瑞士實行民主制度，公民的權利很大，對重大的國家及地方事務擁有表決、創制及複決權，可以請願或投票抵制政府的一些政策。有十萬名瑞士公民就可以修改憲法，也可以修改國家外交政策（見《瑞士聯邦憲法》第八十九、一二○～一二三條，及本書第八章第二節）。

瑞士婦女很晚才獲得參政權，可說是歐洲中最後一個婦女擁有投票權的國家❼，一直到 1971 年，全國婦女才有權投瑞士聯邦議會的票，內羅登阿本澤爾更是直到 1990 年才修改選舉法，賦予婦女參政權。

瑞士聯邦法院坐落在洛桑，由聯邦議會任命六年一期的三十名法官組成。法庭確立邦郡政府與聯邦政府、公司與個人或是邦郡與邦郡之間訴訟的最後仲裁管轄權力。當初其權限限於處理冒犯聯邦體制的案件。事實上，各個邦郡都擁有各自獨立的司法體制，包括民法、刑事法庭及上訴法庭 (Court of appeals)。瑞士於 1942 年廢除死刑。

各邦郡的獨立自主性非常高，聯邦法律固然各邦郡一致，可是各邦郡施行法律的方式不盡相似，譬如同樣是瑞士的刑法，各邦郡的法庭有不同程序法規的運用。譬如刑法規定不可墮胎，但是如果有醫師證明嬰孩的生產會危及產婦的生命，則可以墮胎。在傳統的天主教邦郡，醫師幾乎不可能開出證明，因為天主教認為墮胎是反生命的罪刑。然而在基督新教的邦郡，則取得墮胎的醫師證明並不困難。

在每個邦郡並沒有聯邦警察，聯邦法律賴各邦郡的

❼蘇聯 1917 年，奧地利 1918 年，德國 1919 年，美國 1920 年，英國 1928 年，法國 1944 年，義大利 1645 年，瑞士 1971 年。

圖 29：瑞士聯邦法院

司法機構執行。只有在聯邦政府有數十位警政人員，負責與各邦郡的
警察或其他司法人員聯繫。

第八節　十九世紀瑞士的社會條件

　　十九世紀初的瑞士，還是受到貧困飢饉的威脅。當年九到十二歲
的瑞士孩童，幸運的有機會每天工作十四小時，在小工廠賣命，僅能
賺取微薄的收入補貼家計，當然無機會上學。有的只好到處遊蕩乞食，
但常被都市裡的人趕走，成群轉往更貧窮的鄉下求生存。1816 年夏天
雨量特別多，使得瑞士全國幾近飢荒，南德國也好不了多少，無法出
售糧食給瑞士，全國的存糧僅夠兩個月之用，通貨膨脹，民不聊生。
十九世紀初的伯恩邦郡大約有十五萬人口，十分之一的郡民在赤貧悲
慘境遇下討生活，被迫流浪乞食的不在少數，甚至被割耳朵做成記號，
不准他們到處遊蕩討食，連悲慘求生本能的機會都被剝奪。在這種貧
困的年代，暴力傾向自然增加。十九世紀瑞士的人口增加相當快速，
1798 年到 1910 年總人口從一百六十六萬增加到三百七十五萬人，雖

然如此,一直到 1880 年有些較窮困的邦郡卻鼓勵人口外移,就像十五、十六世紀以降瑞士輸出傭兵一樣,例如在巴西就有新佛立堡 (Nova Friburgo)、在美國有新伯恩 (New Bern),瑞士義大利語區堤奇諾邦郡的人也大批移到美國的加州。但是十九世紀末到 1910 年,因為瑞士境內政經發展趨向穩定,人口移動開始逆轉,鄰邦的外籍人士約有五十五萬人開始移居瑞士,像義大利的水泥匠、法國建築專家、德國大學教授的移民占了瑞士總人口的 15%,在這段短短二、三十年中,移入日內瓦的外籍者比例更高,占了將近 40%。

其實在十九世紀瑞士人口的變動依各邦郡有所不同,都市化快速的邦郡如巴塞爾、蘇黎世、日內瓦及伯恩的人口成長率較高,其他農村邦郡如阿本澤爾、烏里及格勞賓登則增長較緩慢。內阿本澤爾甚至人口遞減。

第九節　瑞士現代化的發展

瑞士的經濟發展跟其他歐陸國家一樣,其工業化相當緩慢。大規模的工廠於 1802 年在蘇黎世邦郡開始設立。1815 年確立了永久中立的國際地位後,農業開始有了成長,觀光業開始有了進展,英國人特別喜愛來瑞士旅遊。

在十八世紀時,瑞士已經有了傳統產業,阿爾高靠著河川運作水車發展手工業,連阿爾卑斯山脈深山小社區群也有製造棉織產品銷售到北歐及俄羅斯。拿破崙戰爭時英倫海峽被封鎖,對瑞士而言是一大考驗,乃迫使瑞士積極改善紡織業的生產力,手工業漸漸被機械所取代,1800 年約有十五萬八千個紡織工人,1900 年增加到二百九十二萬人。沃邦郡的培利斯 (Pellis) 於 1801 年在聖加崙邦郡開了第一家機械紡織工廠,接著在十九世紀初葉開始有了快速的成長。1815 年蘇黎世一共有六十家機械紡織廠,由一千一百二十四名包括童工在內的工人操作,其中有五十幾名七到九歲,二百四十八名十到十二歲的童工,

平均每天工作十二到十四小時❽。機械紡織廠由 1817 年七十四家，到 1827 年增加到一百二十六家。1832 年開始輸出紡織機械。紡織業都集中在瑞士的東部及東南部，佛卡特 (Volkart) 家族在印度發展出紡織王國，蘇黎世成了瑞士絲緞業重鎮，在 1900 年共有二萬三千架紡絲機，雇用五萬八千名織工，巴塞爾專門生產絲帶。拜政治穩定及產業技術的突破之賜，瑞士漸次在世界市場占有了一席之地。

　　如果依勞動人口的百分比來算的話，1882 年紡織業的勞動者占 55%，但是到 1955 年只剩下 11.3%。原來自 1929 年經濟大恐慌後，刺繡品、棉織品及絲織品大為滯銷，產量大降，不過，機械則從 1882 年的 10% 增加到 24.7%。冶金工業在同時期，也從 1.5% 遽增到 11.5%。鐘錶業增加稍微緩慢，從 6.4% 增加到 9.3%。化學工業也從 1.5% 增加到 4.5%。食品加工業則從 4.9% 增加到 6%。當然，隨著工業化，企業規模也增大，因此管理人員急增。

圖 30：歐以勒

　　瑞士精密製造業與傳統、高超的手工機匠及都市科技人員的結合，對瑞士工業生產力的提升貢獻至鉅，特別是巴塞爾是世界聞名數學家集中的地方，如貝努理家族，或是歐以勒。歐以勒不僅是數學家，更是精於統計及機械的科學家，對巴塞爾的科技發展起了巨大的作用，他還設計了渦輪

表 6： 1810～1820 年平均月薪

職　　業	瑞士法郎 (Fr)
護　　士	7.5
紡織工	12
城市工人	24
裁　　縫	15
農業工人	30
小學教師	40
牧　　師	70
郵局經理	90
大學教授	120
政府高官	160

表 7： 1810～1820 年日用品平均價格

物　　品	瑞士法郎 (Fr)
1 公升牛奶	0.10
1 公斤麵包	0.35
1 公斤奶油	1.50
1 公斤乾酪	1.40
1 公斤牛肉	0.60
100 公斤馬鈴薯	4.10
1 公斤糖	3.60
1 雙皮鞋	5.00
1 套男性西裝	50.00
都市 1 間公寓	3.00

機，並對保險業提供了計算的程式。

　　瑞士聞名於世的機械、器材工具產業的發展，從十九世紀瑞士工業化開始發軔。

　　1854 年蘇黎世聯邦理工大學的誕生，使得瑞士的產業發展更是快

速，將科學與實用技術融合在一起，取得輝煌的成就。有了這些科技人才，瑞士的水力發電得以提供全國 20% 的能源，另外 10% 靠木材燒成的燃料，但其餘都得自國外進口，因此瑞士不可能發展重工業，只能從事製造加工業。土地狹窄，自然資源短缺，國內市場有限，因此只有開拓國際貿易，所幸瑞士擁有百年來累積的資金，人民的儲蓄加上外國為了保值而轉移到瑞士的資金，使得發展經濟不虞匱乏。

瑞士跟東亞的日本、韓國與臺灣一樣，自然資源貧瘠，除了有限的木材、鹽及稍微豐盛的水力發電外，並無豐富的礦產及其他能源。因此得靠出口發展經濟，但受制於地理環境，高山峻嶺，又不濱海，交通運輸成本高昂，不利貿易。為了突破先天的困境，瑞士產業精緻化，生產輕薄高附加價值的產品，如鐘錶，藥品。所幸，圍繞著瑞士四周的國家提供高消費群，工業化剛開始時，又擁有勤勞優秀的勞動機匠。

在工業化初期，瑞士也同時開展國外貿易。1854 年日本幕府被美國黑船逼迫放棄二百多年的鎖國政策，開始與世界交往時，巴塞爾的蓋基染料化學公司 (Geigy) 於 1856 年已經有自己的代理商而與日本的紡織業界有了來往。1863 年在橫濱有八位瑞士鐘錶商推銷產品。同年洪貝爾特一德洛茲 (Aimé Humbert-Droz) 與日本幕府協商簽訂〈日本瑞士商業條約〉。

此外貿易能否發展與國際環境息息相關，如果鄰國採取保護貿易政策，自然危及瑞士的產業發展。為了面對這種挑戰，瑞士提升其機械技術的競爭力，增強勞動者的職業訓練，同時開始往外國進行直接投資。

隨著經濟的發展，瑞士住居設施也開始現代化，蘇黎世市於 1864 年有了自來水的設備，日內瓦於 1845 年供應瓦斯，伯恩自 1877 年裝設電話，洛桑有了電力裝備。衛生設施如沖水廁所的普及降低了因霍亂引發的死亡率，肺結核也因衛生的改善而遞減。

經濟發展與人才、資金分不開，從中世紀就源源不斷的有擁有技

術及資金的難民逃抵瑞士，勃艮第戰爭 (1476～1477)、三十年戰爭 (1618～1648) 以及 1685 年〈南特敕令〉的撤銷後，都有大批難民流亡潮抵達瑞士。瑞士的工業化，外國難民的貢獻至鉅。像巴塞爾有名的數學家族貝努理，就是在 1620 年從安特衛普 (Antwerpen) 逃到瑞士，其後代有位與蓋基 (Johann Rudolf Geigy-Gemuseus, 1733～1793) 於 1758 年創設了世界知名的蓋基染料化學公司。許多難民因為受到瑞士產業公會 (Corporation, Guild) 的限制排斥，反而開創瑞士人不熟悉的新產業，像香料、食物油、染料等，且不以手工業為滿足，進行工業化規模的製造。鐘錶業也是國外難民發展的新行業，不受到瑞士傳統保守的公會行號的限制。有了創新後，瑞士本土的企業家才緊接著發展產業。

事實上，許多今日有名的跨國公司，其創辦人幾乎都是原籍外國人士，如雀巢公司的創辦人內斯雷 (Henri Nestlé) 原籍德國，另外馬基 (Maggi) 食品工廠的創辦人馬基是義大利的移民子弟。二十幾歲時，原籍德國的迪澤爾 (Rudolf Diesel, 1858～1913) 抵瑞士溫特圖爾的薩爾策 (Salzer) 工廠實習，今日汽車高速率馬達內燃發動機就是他發明的。另外布朗布維利與西 (Brown, Boveri & Cie.) 在還沒有與瑞典的機械公司合併前，是由德籍的布維利 (Walter Boveri) 與英國人布朗 (Charles Brown) 電氣專家兩位創設的，是世界有名製造發電機的公司。布維利抵瑞士奧利空 (Oerlikon) 工廠實習，在那兒認識其同事布朗。

不僅是工業，瑞士也在十九世紀開始發展保險、再保險事業，儲蓄需要穩定的政治與經濟環境，瑞士的銀行從十八世紀就享有盛名，加上保險事業的發展，對瑞士的產業投資起了決定性的作用。

瑞士聯邦理工大學可說是十九世紀瑞士產業技術提升的搖籃地。瑞士又特別留意年輕人學習外語的能力，那是經商必備的條件。

產業革命對瑞士而言，大致上與德國、義大利差不多同時發展，在十九世紀後半。工業化進行的同時，都市化也跟著發展，不過 1850 年瑞士的總人口僅今日瑞士人口的三分之一強，達 2,392,740 人。1860

年有十一個城市人口超過一萬，其中日內瓦約 54,000 人。大約一個世紀後，1954 年超過十萬人口的城市有五個，蘇黎世 411,700 人、巴塞爾 192,700 人、日內瓦 156,300 人、伯恩 154,500 人及洛桑 112,400 人。到了 2000 年，都會的人口，不包含鄰近的小城鎮，蘇黎世市依然是瑞士人口最多的都市（337,900 人），日內瓦市 174,999 人，超過巴塞爾市的 166,009 人，瑞士首都伯恩市 122,484 人，洛桑 114,889 人。基本上，瑞士人口控制得宜，大都會沒有人口暴漲的危機。邦郡人口成長亦然。

　　瑞士的農業生產在十九世紀末有了些變化，因引入牧草的生產技術，牛群大量增加，1886 年從 993,000 頭增加到 1896 年的 1,317,000頭，牛奶生產自然增加。反而馬鈴薯產量卻減少，五穀終於得靠輸入才能維持瑞士人民的生活水準，在 1886～1896 年這段期間，輸入的糧食從原來的 21% 增加到 81%。

第七章
第一、第二次世界大戰對瑞士的挑戰

從十九世紀初 1815 年後，瑞士必須面對周遭戰爭中交戰國的挑戰，一進入二十世紀前半葉，在短短的二十幾年，瑞士面臨了嚴峻的中立原則的考驗，如何才不至於受到兩次世界大戰的波及，四周德、法、奧及義大利等先後都捲入大規模的戰禍，瑞士依靠貿易才能維持繁榮，一旦戰亂叢生，尤其是在海洋進行潛水艇的戰爭，瑞士人民馬上得面對基本生活資源的短缺，同時又要整軍，並進行全國總動員，捍衛國土，所幸瑞士奇蹟性的未遭到戰車隆隆，炸彈空襲的大災難。總之，瑞士幾乎是歐洲各國中唯一經歷了兩次大戰，卻沒有被捲入戰禍的國家。

第一節　第一次世界大戰對瑞士的影響

其實瑞士也有過族群鴻溝的危機（詳見下文）；1914～1918 年第一次世界大戰瑞士雖然舉國上下各邦郡人民都一致為防衛國土而總動員，但是瑞士的德語系與法語系兩大族裔對法、德交戰國卻有迥然不同的立場。除了極少數堅持原則的知識分子如獲得 1919 年諾貝爾文學獎的詩人史畢特勒 (Carl Spittler, 1845～1924) 之外，大部分的瑞士德

語系邦郡的民意較傾向於支持德國，這與德皇威廉二世在戰前不久曾
造訪瑞士多多少少有些關聯，或許下意識也不認為德軍有侵略瑞士的
意圖。然而瑞士法語系邦郡卻毫不含糊地支持英、法聯軍對抗德國侵
略者，他們認為德國侵占比利時，瑞士竟然連譴責的勇氣也付之闕如，
他們對瑞士讚賞侵略者優越軍事行動的言論感到不可思議。瑞士戰時
總司令威勒 (Ulrich Wille) 將軍把軍力配置在法、德及瑞士邊界，特別
是朱拉山脈一帶。威勒將軍固然是個稱職的統帥，但法語系的瑞士人
卻無法認同其普魯士作風。雖然埋下了這種不同語系邦郡間的民意鴻
溝，而且法語系一直到 1917 年僅出現一位聯邦部長，照理瑞士國內政
治會因此不穩定，所幸卻沒影響到聯邦政權的運作。因為必須面對國
防支出的增加，又陷入經濟困境，聯邦政府的權力自然日增，各邦郡
的權力相對減弱，同樣的也比聯邦上下兩院議會還占上風。德國戰敗，
固然他們不一定喜愛德國人，不過德語裔瑞士人還是認為以德國文化
的高超、物質文明的優越，德國敗戰只不過是暫時性的，遲早還是會
東山再起。

　　第一次世界大戰前，瑞士自英美法進口額與自德奧等中歐的進口
額大致相等，但戰事爆發後，英美法控制著整個海外的產品，瑞士自
然依賴海外進口遠大於德奧中歐的煤礦。交戰國嚴禁瑞士透過貿易再
輸出到敵國，這對瑞士而言是個嚴峻的考驗，因為瑞士的加工產品靠
的是輸入原料與再輸出高附加價值的產品。面對此一困境，瑞士一直
到 1917 年，即戰爭結束前一年，不得不針對糧食進行限額分配，物價
高升，同樣的因煤礦奇缺，甚至火車在星期日也被迫停駛。

　　瑞士在戰爭期間碰到棘手的糧食難題，平時依賴輸入，戰爭爆發
後，馬上面臨糧食短缺的威脅，幸好瑞士負責糧食增產計畫的瓦倫博
士（Friedrich Traugott Wahlen，1899～1985，1961 年瑞士總統）精明
能幹，在他領導下從 1940 年到 1945 年取得輝煌的成就，甚至在都會
裡的廣場，覆以沃土後也大事廣植雜糧。蔬菜從 1940 年的 25 萬噸增
加到 1945 年的 60 萬噸，馬鈴薯從 76.6 萬噸到 182.4 萬噸。在困境中，

圖 31：瓦倫博士

瑞士依然有辦法另謀出路：自國外進口五穀，從 1939 年的 10,102 車廂（1 車廂約載重 10 噸）到 1944 年的 19,295 車廂。

在第二次世界大戰前，瑞士農產品卡路里的自主率約 52%，輸入約 48%，但是經過瓦倫增產計畫，需進口的熱量約僅占 20%。

戰爭期間，瑞士一般受薪者的收入趕不上物價的上漲，生活固然困苦，但比起交戰國的人民，瑞士還算得上幸運。戰爭中有些人發了災難財，為此聯邦政府決定課戰爭財的稅徵，不過被課徵者也不超過一萬一千名。

在戰爭中，俄羅斯的革命者列寧 (Lenin) 旅居瑞士（在日內瓦及蘇黎世）時❶，也參加瑞士社會黨在伯恩邦郡鄉下舉行的國際會議，會議中急進派遠超過溫和社會主義者，倡議推翻資產階級的民主體制及僵硬的王室政體，並通過拒絕軍事預算及反對服兵役的決議。就在蘇維埃革命前夕，列寧離開瑞士，經德國、芬蘭返抵俄羅斯，1917 年沙皇被推翻，列寧掌權，世界第一個蘇維埃共產體系政權確立。

❶1914～1917 年列寧留居瑞士長達三年。這期間瑞士社會民主黨人士曾與列寧有過聯繫。

　　1918 年 11 月瑞士全國總罷工多少受到俄羅斯共產革命的影響，三天的總罷工動員了二十五萬勞動者走上街頭，但是聯邦政府卻調動十萬軍隊，在政府下最後通牒後，終於結束罷工。不過勞動者的聯邦選舉比例代表制及每週四十八工作小時的要求，聯邦國會立法通過。

　　第一次世界大戰後，西歐和平主義者及美國總統威爾遜 (Thomas Woodrow Wilson, 1856～1924) 倡議創立「國際聯盟」(League of Nations)，瑞士一直為中立原則，猶豫不決，最後經過公民投票結果，54% 贊成，46% 反對 (1920 年 5 月 16 日)，通過瑞士加入「國際聯盟」。羅蒙瑞士（法語裔）及義大利語區的堤奇諾較有國際理想主義，但是瑞士德語族裔則反應較冷淡。瑞士在 1938 年 5 月 13 日得到「國際聯盟」理事會的同意，維持瑞士的中立，瑞士不介入政治或是經濟的制裁。經過八十二年後，公投通過，瑞士再度於 2002 年 9 月成為「聯合國」的會員國。

　　1929 年全球性的股票大崩盤後，引發的大蕭條，特別是 1929 年到 1932 年間瑞士失業率快速增加，10% 的勞工失業，約有十萬人受到失業的打擊。當然比起荷蘭的 36%、美國的 25% 或是德國的 30%，瑞士的情況還算差強人意。經歷了蕭條的煎熬，經過經濟、政治的危機考驗，瑞士終於運作出體驗時艱的全民共識。在困頓中，領導者順勢營造面對危機挑戰的新機制，1937 年 7 月 19 日瑞士最大的勞動組織「鐘錶製造者及金屬工人工會」(Watchmakers' and Metalworkers' Union, SMUV) 與雇主工會「瑞士商工聯合會」(Swiss Federation of Commerce and Industry, SHIV，一般以其管理委員會為代表縮寫為 Vorort) 達成協議，簽署〈和平協議〉(*Peace Agreement*)。雙方針對重要議題得到共識，資方承認勞方為勞動市場及社會政策議題的夥伴，也不隨便關閉工廠迫使勞方就範，勞方則放棄無條件的罷工權，改以調解及仲裁制度與資方合作，處理勞動者的工作條件，成為瑞士產業發展的社會合夥典範。根據此一〈和平協議〉，勞資雙方各自交付瑞士國家銀行二十五萬瑞士法郎，作為擔保金，一旦任何一方違約就失去擔保金。另

外又建構仲裁制度，不依雙方各據一詞，討價還價式的解決紛爭。經過多年的運作，此一〈和平協議〉擴大到全瑞士各個工業部門。

在還沒有簽署〈和平協議〉前，1927 年至 1937 年瑞士平均每年約有三十二件勞資紛爭，涉及 4,325 名工人，損失的工作日約 86,840 天。簽署後，以 1958 年至 1967 年為例，平均僅有三件勞資衝突，約涉及 320 名工人，損失的日數計有 8,358 天。

一般而言，瑞士的雇主工會相當國際化，凝聚力也堅強，領導又集中，但是勞動工會則較薄弱又分散。基本上，瑞士的產業部門相當集中，擁有許多專業組織。雇主組織除了上述的「瑞士商工聯合會」外，還有「瑞士雇主聯合會組織」(Swiss Federation of Employers' Organizations, ZSAO) 這一第二大資方組織。中小企業主也組成「瑞士中小企業同盟」(Swiss Union of Small and Medium Enterprises, SGV) 以及「瑞士農民同盟」(Swiss Farmers' Union, SBV)。「瑞士商工聯合會」幾乎涵蓋所有的貿易部門及職業協會、商會，關切瑞士經濟政策的形成，而「瑞士雇主聯合會組織」則對社會政策等議題較留意。到二十世紀末 2000 年，Vorort 改名為「瑞士經濟」(Economie suisse)，與瑞士政府當局互動相當密切，對瑞士貿易政策的形成發揮專業的功能。

相對於資方，瑞士的勞動組織並不是出諸勞動意識型態的動力，而是受到戰爭的威脅。三分之一的勞動者加入工會，各自組成不同的工會：最有規模的是「瑞士工會聯合會」(Swiss Confederation of Trade Unions, SGB)，次要的是「瑞士領薪者工會聯合會」(Swiss Federation of Salaried Employees Unions, VSA)，最後是「瑞士基督工會聯合會」(Swiss Confederation of Christian Trade Unions, CNG)。

第二節　瑞士因應第二次世界大戰的挑戰

一、希特勒的威脅與瑞士的態度

在 1939 年 9 月 1 日納粹德軍揮軍以閃電攻擊侵入波蘭前兩天，瑞士國會上下兩院召開任命一位非常時期瑞士最高指揮將領的聯席會議，選出出身法語沃邦郡的基桑 (Henri Guisan, 1874～1960) 為瑞士的統帥。在歐陸戰雲陰霾滿布之際，瑞士於納粹德軍襲擊發動第二次世界大戰的前夕 8 月 31 日，向歐洲各國公布永久中立傳統的宣言。為維護瑞士全國的安全獨立自主及保持中立的原則，保衛國家經濟利益、人民的福祉，瑞士聯邦政府全權委任基桑將軍統帥全國軍隊，在納粹侵占波蘭的同一天頒布總動員令，四十二萬人進入備戰的緊急狀況，可惜軍事器材及裝備過於陳舊，特別是戰機奇缺，乃急迫的向納粹德國購置八十架現代化的戰機，在 1939 年底總算才能組成現代化的空軍。在戰爭剛開始的期間納粹德國竟然同意完成此一軍事武器交易，似乎有點不可思議，也許希特勒認知瑞士確定會維持中立原則，也可能誤判認為以德國的雄厚軍力，第二次世界大戰會速戰速決，八十架

圖 32：基桑

戰機對納粹德國形成不了威脅。

　　德軍武力所向，東歐波蘭、捷克如摧枯拉朽，1940年 4、5 月瑞士進入危急緊張的狀態，國土防衛能力有待考驗，特別是德軍集結在法、德及瑞士邊界的傳聞，使得瑞士恐慌起來。果然不久納粹德軍相繼在短短的幾個星期侵占了荷蘭、比利時及盧森堡等中立三小國，法國也在 6 月受到攻擊，貝當元帥 (Philippe Pétain) 立即求和，於 6 月 22 日與納粹政權簽署休戰和約。在這個情況下，瑞士等於被納粹德國與法西斯義大利的軸心國所包圍。在這四面楚歌的嚴峻危險狀態下，基桑將軍於 7 月 25 日在瑞士建國發祥地格綠特利 (Grütli) 草原召集全國部隊長發表他有名的「防禦內堡計畫」(Réduit Plan)❷，其意昭然若揭，在阿爾卑斯山脈險峻的內堡集結軍力，以視死如歸的意志堅定表達徹底抵抗外來入侵的決心，其象徵性遠高於實際軍事行動的意義，喚起國民有為國家犧牲一切的心理準備，強化愛國心。基桑強調：「我國的自然力量，由於地形呈現障礙又有高山掩護，提供抗敵無可比擬的可能性。」其實就算納粹德軍要攻打瑞士，絕對要付出極其慘痛的代價，深山峻嶺的游擊戰會迫使納粹軍疲於應付，光是糧食就無法確保供給。據說希特勒於 1940 年及 1943 年兩度想侵占瑞士，最後還是放棄此一意圖，集中火力砲攻襲擊英國，瑞士終於未受到戰亂的波及。其實希特勒的策略與基桑剛好相反，只要英國潰敗投降，他估計瑞士一定會像法國的貝當元帥一樣，不用攻占就會求和。

　　基桑將軍的戰略是打持久戰，讓敵軍耗費龐大的戰費，而無法快速結束戰爭，甚至有準備在瑞士戰爭失利時，將貫穿阿爾卑斯山脈的兩大隧道，聖格達及辛普倫

❷Réduit 法文的原意是城堡內的內堡，引申為供最後防禦的內堡。濟格飛教授甚至認為阿爾卑斯山的內堡是瑞士存在的必要條件。

爆破，切斷墨索里尼 (Benito Mussolini) 自義大利北部呼應希特勒的進攻路線。事實上，納粹德國與法西斯義大利軸心國間的物資非透過瑞士阿爾卑斯山脈的隧道不可，有了爆破隧道的意圖等於嚇阻希特勒動腦筋侵占瑞士。瑞士的地形，阿爾卑斯及朱拉兩大連綿不已的山脈確實構成防衛瑞士的最佳戰略地帶。難怪濟格飛教授認為如果沒有這一特殊地形，瑞士根本就無法存在，早就被四面的列強所瓜分。

然而戰局的演變讓瑞士終於有了解除危機的時刻，希特勒在 1941 年 6 月向蘇俄開闢第二戰場，瑞士的動員令也因此得以紓解。不過武裝中立依然不敢掉以輕心，1943 年納粹軍開始傳來戰敗的消息，基桑將軍在該年 3 月對納粹德國一再表達嚴守中立原則，事實上，從 1943 年整個局勢對納粹軍不利，在英、美及俄軍東西雙向的夾攻之下，戰局急速逆轉，武裝中立的瑞士得以迴避第二次世界大戰的浩劫。

不過到底納粹為什麼沒有進攻侵襲瑞士，迄今依然是個謎。1995、1996 年暴露出瑞士銀行在第二次世界大戰收取納粹攫奪被占領的波蘭、捷克、荷蘭、比利時諸國銀行的黃金存款及歐洲猶太人，特別是東歐的猶太人財產被納粹搶奪充公的醜聞後，證明瑞士當局當年確實曾與納粹充分合作。納粹德國得以瑞士為外匯交易中心，自世界各地輸入其所亟需的寶貴戰略物資及器材。德國的軍火工業幾乎完全要自國外進口，如果沒有瑞士的合作，自西班牙、葡萄牙以及土耳其等輸入，希特勒無法持久作戰，何況瑞士聯邦政府當局比起與希特勒簽署停戰條約的法國貝當元帥的維希政權更加「軟弱友善」，樂於與納粹德國合作，在這種情況下，希特勒自沒有理由要侵占瑞士，反而留下瑞士這個保險金庫，讓納粹政權更能夠持續進行長期的侵略戰爭。沒有理由征服一個對納粹有用的國家，為什麼要侵占，甚至要摧毀瑞士？瑞士能夠保持主權獨立又「中立」，更是世界各國承認的國家，對納粹才有用。特別是瑞士軍需工廠不必擔心受到聯軍的轟炸，大力生產精密的戰爭器材提供給納粹❸，侵占瑞士對納粹一點也沒有好處。何況希特勒閃電式的侵占荷蘭、比利時及法國，1940 年 6 月 22 日法國貝

當與希特勒簽署停戰和約，瑞士統帥基桑立即將四十五萬部隊大部分送回家，只留下十五萬動員的官兵，可見瑞士軍事當局認為希特勒攻占瑞士的機會大為減少，其實當年的瑞士聯邦總統畢勒·郭拉茲 (Marcel Pilet-Golaz, 1889～1958) 就在 1940 年 6 月 25 日公開宣布瑞士將「適應」新歐洲情勢。換言之，瑞士準備與納粹德國充分合作。瑞士總統公然宣示瑞士犧牲主權獨立的原則，配合納粹德國的瘋狂行徑，對於法裔瑞士人而言，那幾乎是一椿無法忍受的賣國勾當。

❸布爾勒奧立空 (Bührle Oerlikon) 是瑞士有名的軍需工廠，一直到 1945 年還繼續提供希特勒武器，有些給納粹的庫存武器，一直到 1960 年代還將之賣給南美洲的獨裁國家。

二、瑞士與納粹秘密合作

1996 年瑞士聯邦文獻檔案室主任葛拉夫 (Christopher Graf) 出版了由他編輯的《瑞士及難民，1933～1945》(*Die Schweiz und die Flüchtlinge, 1933～1945*) 一書，經他們研究過四萬五千件卷宗，瑞士不像官方所指的曾將一萬難民退回邊界（這等於將猶太人送往集中營），而是至少三萬難民，其中二萬四千四百名是猶太籍。根據吉格勒 (Jean Ziegler) 教授的估計不知有多少的卷宗被銷毀，被遣送到邊界的難民應該多達十萬之譜。

可是另有學者如蘇黎世瑞士聯邦理工大學當代史文獻資料中心主任烏爾納 (Klaus Urner) 從希特勒病態心理著眼，希特勒可能認為讓中立國瑞士扮演白手套的角色，可使納粹漂白搶來的黃金及順利獲得所需的武器原料，問題是希特勒並不是那麼理性，可以清晰的算計侵占瑞士的得失。烏爾納覺得也極可能希特勒憤恨成狂，尤其是亞立安純種族泛日耳曼的病態發作，隨時可能下令侵占這個蕞爾小國。不過事後歷史證明希特勒確實沒有揮軍侵占瑞士，至於是否有意圖侵襲瑞士，就有

待日後學者的分析研究了。然而，在戰爭期間，瑞士確實與納粹充分合作的史實，文獻資料足以證明之。

瑞士與納粹的合作，除了漂白納粹自占領區搶得的黃金，換取珍貴的外匯，還有自世界各地透過瑞士再運到納粹德國所需的軍需物資及精密的武器器材。中立的瑞士固然表明基於人道關懷，允許通過瑞士運輸德國與義大利間的糧食、民生服裝物品等等，其實瑞士聯邦當局對於納粹亟需的戰爭器材也充分提供合作。吉格勒教授雖然當年年紀小，不過也親眼目睹瑞士確實合作讓德意志帝國鐵路 (Deutsche Reichsbahn) 運載戰爭物資的事實。據吉格勒教授稱，在其故鄉圖恩這個連接義大利北部邊界多磨多索拉及靠近德國邊界巴塞爾的重要鐵路網，在 1943 年 12 月某一個午後突然暴風雨肆虐，圖恩市老居房的屋頂都被挖開，連停留在圖恩鐵路站的德意志帝國鐵路車輛也無例外，整個現場呈現出戰場的模樣，戰車、防空大砲、重型自動機關槍、槍彈武器都從車廂暴露出來，無從隱藏，甚至因此損毀鐵道。當晚軍車絡繹趕來現場，來自伯恩的德意志外交人員忙著指揮溫順的瑞士兵士，當然那些閒來無事觀望現場的瑞士民眾，也被瑞士兵士趕走。吉格勒當場問他服務於圖恩司法院的院長父親，這些戰爭物資到底從何處而來，將運送到何處。他的父親支吾其詞，要吉格勒自己看車站的公告欄：瑞士與德意志公約所示的「非軍事貨物的運輸」(trafic civil de marchandises)。吉格勒教授說這是他首次聽到他父親說謊的記錄。

戰爭一爆發，英國的經濟戰事部 (Ministry of Economic Warfare) 及美國的經濟戰事局 (Board for Economic Warfare) 曾設法阻止瑞士當局與納粹合作，但還是徒勞無功。無疑的，瑞士也與英美聯軍交戰國合作，以中立國的身分，協助救援交戰國公民的生命危險。瑞士與交戰國協商交換被俘虜監禁的商人、外交官或是居民。在瑞士首都伯恩就有五百多位及在國外一千多名瑞士官員，協助處理高達三萬五千名人員的交換手續。從 1939 年至 1945 年，瑞士是各交戰國的護衛國 (puissance protectrice)，護衛保障各國陷落在敵國的子民權益。當然瑞

士負責交換的官員也與各簽署〈日內瓦戰俘公約〉國家透過紅十字國際委員會充分合作，得以參訪交戰國的俘虜營。只有史達林未曾簽署〈日內瓦戰俘公約〉，據估計約有兩百五十萬蘇俄的戰俘被納粹屠殺。除了人員的交換，給予被俘的居民資金的援助，也是透過銀行及瑞士外交人員的協助達成。紅十字國際委員會在戰時曾照顧過七百多萬名戰俘，十七萬五千名被監禁的非軍事人員。

事實上，各交戰國都需要瑞士的合作，獲取各種情報資訊，英美都在伯恩設有重要的情報網。1943 年美國著名的情報專家杜勒斯（Alan Dulles，艾森豪政府時代國務卿杜勒斯之弟）就親自坐鎮，美國得自瑞士各銀行的各種記錄今日都留存在美國國務院檔案裡。

戰爭對知識分子是個良知的考驗，瑞士名法律學者、在大學有影響力的教授胡博 (Max Huber) 無疑是個民主人士，反法西斯，也有博愛胸懷的社會名流，他不僅是紅十字會國際委員會主席，也是幾家與納粹合作，輸出精密武器器材的企業如布爾勒奧立空及瑞士鋁公司 (Alusuisse) 的董事。在他主持紅十字會國際委員會期間，從來沒有公開譴責過納粹大規模屠殺的野蠻行徑，事實上教宗庇護十二世也默不作聲。不過在第二次世界大戰期間，瑞士的紅十字會所發揮的人道救援倒是可歌可泣。

瑞士國家銀行 (La Banque nationale suisse) 創立於十九世紀，股東除了私人外，主要還是邦郡政府。聯邦政府委託該銀行印製發行瑞士法郎鈔票，並提名總共四十名董事中的二十四名。瑞士政府規定發行的銀行鈔票 40% 得有黃金做準備。

1934 年瑞士聯邦通過〈銀行祕密法案〉，本來是為了保護外國客戶的權益，尤其是歐洲猶太人為了安全，乃以密碼在瑞士開帳戶或是將金銀寶物存在瑞士銀行，哪知大部分在納粹集中營被虐待致死的客戶死無葬身之處，這些款項金銀寶物都成為瑞士銀行的財產，有些幸運存活下來的子孫，卻因沒有親人的死亡證明，經過將近五十幾年後，由於瑞士在第二次世界大戰與納粹合作的醜聞陸續爆發出來，瑞士聯

圖 33: 瑞士國家銀行

邦政府及銀行深怕損及形象，才獲得應有的公道。

第二次世界大戰期間，一直到 1945 年 3 月，瑞士國家銀行經常與納粹的帝國銀行 (Reichsbank) 有來往，德國帝國銀行在瑞士國家銀行開帳戶。納粹帝國銀行送往瑞士國家銀行的第一批黃金是在 1940 年 1 月 14 日進行的，剛好是希特勒侵占波蘭後不久。

納粹的黃金來自何處？當然全盤詳細的文獻資料有待深入清查，不過 1984 年林格斯 (Werner Rings) 出版了《納粹的黃金》(*L'Or des nazis*)，雖然作者利用的是第二手資料，卻是個可供參考的文獻。希特勒一占領鄰國，馬上奪取黃金與外匯存底。至於瑞士聯邦政府當局與納粹合作時是否知道黃金的來源，吉格勒教授持肯定的說法，事實上，就算是瑞士聯邦政府裝作不知道，更不情願去追查，也可以憑常識判斷，納粹的黃金絕對不可能靠德意志國民「儲蓄累積」得來的。

納粹軍一占領新征服的國家，立即急著搜刮當地的國家銀行或是商業銀行的黃金儲存，最常被提的是比利時的黃金去向流程。在納粹還沒有占領比國時，比利時中央銀行當局就將黃金存放在法國中央銀行，而法國為安全計，將之運往塞內加爾的塞內嘉。納粹德國以占領比國的身分，向貝當元帥的維希政權施壓，於 1940 年 10 月達成協議，

納粹德國即自塞内嘉運黃金回歐，二百四十公噸，四千八百五十四箱的黃金歷經一兩年之久❹，才於 1942 年夏天抵達納粹帝國銀行，重新熔製後再售給瑞士，換取外匯。

瑞士國家銀行與納粹德意志間的交易，絕非捏造，1943 年 6 月希特勒的經濟部長暨納粹帝國銀行總裁芬克 (Walther Funk) 擔心《帝國》週刊 (Das Reich) 嘲謔瑞士銀行家不與納粹合作的話會引來災難的後果，乃對此發表評論，就可證明納粹與瑞士同力協作的史實。不過葡萄牙也與納粹有黃金的來往，據稱曾運到里斯本的黃金約在九十三至一百二十二公噸，倒是北歐的瑞典中央銀行對納粹黃金的來源有所顧忌，所以不敢大量接受納粹德意志的黃金買賣。

「1943 年 6 月 20 日第二十期《帝國》週刊在第四頁刊載一篇題為〈黃金之地〉(Das Goldland) 的文章。此篇文章極盡嘲謔瑞士取得重要的獲得物及黃金儲存的能事。帝國銀行對此有所說明：瑞士可說是我們能夠以黃金，也就是賣黃金以獲得所需的外匯的唯一中道國家。瑞士迄今對我們一直有求必應，換取黃金以提供我們進口所需的外匯。無法容忍在報章，特別是《帝國》週刊登載嘲笑主要是得自我們的瑞士黃金儲存。此舉有可能會引發大不幸，如果瑞士拒絕將黃金轉換成我們所急迫需要的物資器材。」

三、瑞士「中立政策」受到嚴峻考驗

討論瑞士的「中立原則」時，無可避免的要瞭解瑞士對外關係的歷史背景。日內瓦大學國際關係研究學院的創院院長拉巴 (William Rappart) 教授曾對瑞士的雙

❹根據鮑爾 (Tom Bower) 的說法約一千七百五十一條金條，約值二億二千三百萬美元。

重角色有過如次的分析:「無論多麼努力,瑞士一碰到國際關係合作議題就顯得不自在。因為瑞士的對外政策受到兩個對立傾向的支配: 一個是傾向於國際孤立 (isolement international),另外一個卻是關切人類的團結連帶感 (solidarité humaine)。關於國際孤立,那當然是悠久歷史傳統的結果,是小國子民被強大的鄰國包圍,一個多元差異性的國家意識,特別是對於主權的珍惜的一種本能表態。至於對人類的團結連帶感,那是一種社會概念的形成結果,依據此種社會概念,瑞士的使命就是和解,團結及合作。」

瞭解了這個傳統的歷史背景,再來檢視瑞士當局及人民對於瑞士在第二次世界大戰時所扮演的尷尬角色,為什麼瑞士領導階層一直以家醜不外揚的被動方式處理,就容易體會當年瑞士的處境。1983 年洛桑大學文學院當代史教授尤斯特 (Hans Ulrich Jost) 在其與安德雷 (Georges Andrey) 等合著的《瑞士及瑞士人新史》(*Nouvelle Histoire de la Suisse et des Suisses*) 第三卷〈威脅及退卻, 1914～1945〉(Menace et repliement, 1914～1945) 這一章所撰寫的一百多頁論著中,也只不過兩段涉及瑞士不光彩的歷史而已,為此尤斯特教授卻付出慘痛的代價,一直到 1996 年他還是無法消受長達十三年來警察對他的騷擾、官僚體系對他的無理取鬧、謾罵、對他進行人身攻擊,被視為異端,懷疑其動機,只差還沒有控告他的學問有問題❺。其實尤斯特教授也只不過是以史學家的良知,將瑞士當年的實況照實的敘述而已,並沒有批判瑞士當局在面對納粹的威脅下的軟弱行為。

「我國(瑞士)實際上已被納入德國經濟空間……

❺德國《時代週報》(*Die Zeit*) 於 1996 年 10 月訪問尤斯特教授,他坦承說,雖然他還是洛桑大學教授,也是有二千六百小時飛行記錄的中校軍官,但是瑞士聯邦政府警察依然監視他,經常電話監聽,將他視為國家的敵人。像瑞士這種民主進步自由的國家,依然還是用反動落伍的警察手法對付追求真理的知識分子,實在不可思議。

在 1941～1942 年間據估計約有 60% 的軍備武器產業，50% 的光學產業及 40% 的機械產業為納粹帝國生產。瑞士的輸出並不是完全由德國對我國貿易支付：瑞士聯邦一直到戰後以補償信用方式提供德國預付資金，此一預付資金高達十一億一千九百萬瑞士法郎。對納粹帝國而言瑞士占有非常重要的地位，因為瑞士在黃金市場上扮演一個重要的角色。德國急需外匯以進口戰略物資，甚至向羅馬尼亞這種盟軍進口。大部分的中立國家如瑞典及葡萄牙都拒絕接受德國的黃金，因此只剩下瑞士可以與之進行黃金及外匯的交易。在 1943 年瑞士與納粹進行價值五億二千九百萬瑞士法郎的黃金交易換取自由買賣的外匯。此種交易瑞士聯邦政府授予瑞士中央銀行全權處理。」

「大部分德國的黃金是搶取豪奪得來的；特別是得自集中營的犧牲者身上。瑞士負責當局並非不知道這一搶來的金屬的問題。雖然聯軍一再明確的警告，瑞士負責當局卻以善意及基於政治中立，應該不能提及反對的理由而接受德國的黃金等價廉的論據說詞搪塞應付。這種宣示確實是個可以保證瑞士存在的王牌，但對於維護獨立自主已經大受損害。是否能夠在道德層次上用值得懷疑的行動 (指與納粹合作) 來撇開不名譽的作為，則留給大家公開討論。」

尤斯特教授所提及的道德層次的探討，瑞士不名譽的醜聞終於紙包不住火，在 1995 年陸陸續續的在世界媒體暴露出來。瑞士當然必須面對歷史嚴峻的考驗。

美國紐約州選出的共和黨參議員達馬多 (Alfonso D'Amato) 及紐約第十四選區 (Upper East Side) 的民主黨眾議員馬洛妮 (Carolyn Maloney) 對於瑞士到底在第二次世界大戰時與納粹有否「合作」的詳情一直有進一步瞭解的「高度興趣」，其追根究底精神當然與在紐約的猶太族裔組織及美國知識分子勇於瞭解真相息息相關。在第二次世界大戰猶太人據估計死亡達六百萬人，希特勒將猶太人送往瓦斯死亡爐房滅絕所得來的黃金或是猶太人於納粹屠殺時曾在瑞士開有銀行帳戶，但因為瑞士銀行要求得有死亡證明才能處理，對於猶太傷亡者的

後裔，這等於是雙重的打擊。在達馬多參議員及馬洛妮眾議員的努力下，美國國會終於在 1996 年 1 月 3 日一致投票通過決議，要求美國政府對整個第二次世界大戰期間所發生的真相有個清楚的交代。決議文中提及：「第一百零四屆國會之際，正好慶祝美國結束第二次世界大戰五十年及人類史上最慘絕人寰的屠殺 (Holocaust) 紀念。應該利用這個機會記取慘痛的教訓，以阻止類似的災難再次發生。冷戰已經結束。許多國家，包括前蘇聯也公開納粹戰爭罪以及各國當局所犯的罪行的文獻檔案。今年正是我國實施〈資訊自由法案〉(*Freedom of Information Act*) 的三十週年。美國政府有些部門存有個人下令、挑釁、協助納粹戰爭罪行或是參與的資訊。有些部門迄今依然違反〈資訊自由法案〉，阻止要求提供那些犯下納粹戰爭罪的資訊。對於會危及美國目前及將來的國防或是情報及外交政策的政府檔案當然不予發表。但是對於大多數有關納粹戰爭罪的公布並不會損及美國的國家利益。國會因此認為所有政府部門所擁有的有關個人犯了納粹戰爭罪的文獻應該公開發表。」

在共和黨及民主黨的雙重壓力下，柯林頓總統終於簽署了美國國會的〈揭發戰爭罪法案〉(*War Crimes Disclosure Act*)，此一法案的簽署，使得瑞士在第二次世界大戰期間與納粹「合作」的醜聞一一傳開來，美國國會要求美國政府各部門公開有關納粹戰爭罪的檔案資料，也無法單單以猶太人團體如強大的「世界猶太人會議」(World Jewish Congress) 為摧毀瑞士名譽的陰謀作為拒絕的論據，到底歷史真相的還原並不一定會傷及瑞士或是全體瑞士人民，對於當年瑞士當局的作為應該要有勇氣負起歷史道德的責任來，而不是以抹黑的手法，對付有追求真理勇氣的吉格勒教授。1997 年吉格勒又出版了《瑞士、黃金及死亡者》(*La Suisse, l'or et les morts*，德文原版 *Die Schweiz, das Gold und die Toten*)。事實上，這段瑞士在第二次世界大戰中為了維護瑞士不受納粹的侵占，採取「合作」的不名譽作為，當然會損及瑞士「永久中立原則」或是瑞士全民視死如歸抵抗納粹的「神話」，但與其掩飾

實況，倒不如坦承接受歷史的公斷來得有意義。

　　美國〈揭發戰爭罪法案〉施行以來，在 1996 年秋天美國與歐洲各大報紙週刊開始以醒目的標題揭露瑞士的醜聞。德國漢堡《明鏡》週刊 (*Der Spiegel*)1996 年 38 期曾以「希特勒的忠誠贓物隱藏者。瑞士國民銀行及國際清算銀行與納粹交換搶來的黃金藉以資助納粹侵略戰爭」為專稿的標題。德國《法蘭克福通報》(*Frankfurter Allgemeine Zeitung*) 於 1996 年 9 月 29 日以「瑞士，強盜的巢窟」為題分析瑞士協助納粹戰爭的罪行。

　　瑞士銷售量極大的《週日閃光》(*Sonntags-Blick*) 的社論主編麥野 (Frank A. Meyer) 於 1996 年 9 月 22 日毫不掩飾拐彎地直寫：「瑞士把那些自納粹逃亡的猶太人遣送回到邊界，等於將他們送往死路。然而納粹自處死的猶太人牙齒奪取的黃金，瑞士卻樂於接受並將之漂白。」

　　《紐約時報》(*The New York Times*) 也刊登有關瑞士中立的謊話，倫敦的《標準晚報》(*The Evening Standard*) 於 1996 年 9 月 13 日也以「瑞士中立：只是為了致富的一個藉口」為標題，同一天倫敦《金融時報》(*The Financial Times*) 極盡譏諷之能事，批判瑞士當局奇思妄想設法降低災害。瑞士法語的《週報》(*L'Hebdo*) 也有如次的報導：「如果沒有瑞士的協助，德國早在 1944 年 10 月就降伏……。瑞士曾積極地支援納粹德國：開放聖格達隧道讓納粹能夠南北暢通，使得大量精密器材，光學器具等等得以運送給納粹，特別是納粹搶來的掠奪物，尤其是黃金等贓物的漂白，得以換取亟需的外匯。」

　　1914 及 1938 年北歐斯堪地納維亞半島的丹麥、挪威及瑞典都先後宣布保持中立，但是境遇卻不同。瑞士當局及銀行金融大亨在戰時的作為固然不足取，然而納粹不理丹麥及挪威的中立，照樣征服，倒是瑞典卻與瑞士一樣未受到希特勒的侵占，在某種程度而言，瑞典當局甚至比瑞士還更熱絡地「配合」希特勒，執行瘋狂的征戰計畫。瑞典名之為中立，其實不然，戰爭初期曾拒絕過法國及英國部隊過境，卻讓納粹軍可以自由通過瑞典領土（海域與領空）侵占丹麥、挪威，

並公然與納粹合作運輸軍隊及武器，瑞典產業也提供納粹軍隊敏感的戰略物資。

提及瑞士與瑞典這段不光彩的歷史，吉格勒教授個人相當感慨的說到為什麼他要出版有關瑞士醜聞的書？有兩個理由：1.首先是如果當年瑞士當局有智慧在1945年或是爾後，能夠公開表明歉疚，有勇氣承認1940～1945年這段期間瑞士的罪行，那麼他就無必要撰寫《瑞士、黃金及死亡者》這部書。但是，瑞士領導階層、金融銀行大亨，不僅毫無悔意，還想掩飾當年提供精密軍事武器給予納粹，替希特勒當外匯窗口中心，自全世界進口納粹所需的物資，合作將納粹進行占領區的經濟搜刮，並在將猶太人送往集中營火爐處死前強取金飾或金鑲牙，然後熔成金塊送到瑞士，如今這些史實證據俱在，瑞士當局硬是不承認。2.納粹在第二次世界大戰的罪行一直困擾著世界有良知的人士，瑞士金融銀行之能夠成為今日世界第三大重鎮，主要是靠當年瑞士金融銀行大亨透過瑞士當局與納粹合作巧取豪奪龐大的資產，戰後瑞士不知檢點，竟然又以銀行無記名帳號繼續為第三世界獨裁者搜刮貧困人民的財富「服務」。據吉格勒教授估計前薩伊獨裁者莫布杜 (Joseph Desiré Mobutu) 由瑞士金融銀行管理的大概在四十億美元之譜。至於其他如海地前獨裁者杜巴利葉 (Jean Claude Duvalier) 或是菲律賓的馬可士 (Ferdinand Edralin Marcos)❻向人民搜刮得來的「贓物財富」，瑞士金融銀行大亨迄今依然就像以前處理納粹的帳款一樣提供高質的「金融職業服務」。

到底瑞士與納粹合作期間得到的黃金贓物有多少？很難確定，有不同的版本，倫敦《金融時報》1996年9

❻ 1986 年馬可士垮臺後，瑞士當局宣稱凍結三億五千萬美元，但菲律賓政府則認為馬可士存放在瑞士的款項極可能高達三十五億美元。

月 20 日報導，光是納粹德國搜刮猶太人的資產約在一百五十五至六百五十三億英鎊之譜。不過這個數據與納粹帝國銀行在戰爭中向各戰敗國銀行所搜刮的黃金數額（約在五億七千九百萬至六億六千一百萬美元價值的黃金）比起來過於龐大。根據估計帝國銀行自比利時得到的款項：二億二千三百萬美元、自荷蘭：一億六千一百萬美元、自義大利：八千四百萬美元、自捷克：五千萬美元、自奧地利：四千六百萬美元、自俄羅斯：二千三百萬美元、自波蘭：一千二百萬美元及自盧森堡：四百萬美元等。其中大概有三億九千萬美元至四億一千萬美元價值的黃金運到瑞士以換取外匯，其中約有一億三千八百萬美元價值的黃金從瑞士又移轉到西班牙及葡萄牙。由此有人客觀估計瑞士應該保有的黃金贓物大概在二億九千八百萬美元，但是美國參議員達馬多則推測出三億九千八百萬美元價值的黃金。

對於瑞士銀行一直堅持僅發現七百七十五個帳戶，全部金額約在三千八百萬瑞士法郎（約三千二百萬美元）這種說法，「世界猶太人會議」當然無法接受，為此不再與瑞士銀行協商，而是攤開來以政治手腕處理。透過美國參議員達馬多聯手運作，終於使得瑞士當局及三大瑞士金融銀行不得不正視此一歷史遺留下來的事件，涉及的不是純粹金錢層次的賠償，而是還給犧牲者的公道。

為了澄清各種謠傳臆說，免於損及瑞士的形象，瑞士聯邦政府乃於 1996 年 12 月 13 日宣布成立「第二次世界大戰──專家獨立委員會」(Commission Indépendante d'Experts─Seconde Guerre Mondiale)，針對德國納粹政權將有關資產移往瑞士的經緯作歷史及法律大規模的五年研究計畫。

經過五年動員一百二十名學者專家參與研究調查，於 2001 年 12 月 19 日完成報告，並同時解散完成任務的「專家獨立委員會」。貝吉爾教授還親自於 2002 年 3 月 22 日在伯恩市國家圖書館正式發表 Bergier 報告（五十六名執筆撰寫共二十五卷的研究報告）。二十五卷報告書分別以德、法文發行，內容涵蓋相當廣泛，如《瑞士銀行的無

人繼承財產‧納粹犧牲者的存款、帳簿及貴重物品保管庫‧戰後歸還問題》（第十五卷），《瑞士及第二次世界大戰期間的黃金買賣》（第十六卷），《瑞士與納粹時代的難民》（第十七卷），《瑞士與德意志第三帝國占領荷蘭時的敲詐勒索贖金‧剝奪所有權、再購、交換（1940～1945)》（第二十四卷）等。

Switzerland

第III篇
當代瑞士

第八章
瑞士聯邦憲政運作與朱拉危機

第一節　聯邦議會生態

　　瑞士聯邦議會的制度設計保障各邦郡權益：下院代表全國國民的國民議會及上院代表各邦郡的邦郡議會。前者共有兩百名議員，每四年選一次。後者各邦郡選派兩名議員代表參與邦郡委員會，兩院各自獨立運作。任何瑞士聯邦法案，特別是財稅措施以及聯邦政府七位部長（內閣閣員，不得來自同一個邦郡）的選舉一定要得到聯邦議會上、下兩院的任命或通過才能生效施行。七位部長由四個主要政黨互推，從 1959 年以來不成文的「神奇公式」(Magic formula)❶，操作相當穩定；兩位來自激進國會黨團 (Radicals)❷，即自由民主黨 (FDP)，兩位基督民主人民國會黨團 (CVP)❸，兩位社會民主國會黨團 (SDP)❹ 及一位瑞士人民國會黨團黨 (SVP)，其他為數眾多的小黨就只有陪襯的分。

❶四個主要政黨為三個中間偏右政黨及一個左派政黨，以 2:2:2:1 的比例分配七個部長職。

❷瑞士國會黨團主要以政黨為主，1995 年大選激進黨得票率達 20.2%，與工商界相當接近。

❸ 1995 年大選基督民主人民國會黨團得票率 16.8%，繼承保守天主教運動，中產階級的代表，

也接近左翼勞動工會。

❹1995 年大選社會民主國會黨團得票率 21.8%，以前較激進左派，現在是溫和中間偏左政黨，在大都會、工業區及社會團體有其支持者。

表8： 瑞士主要政黨

執政黨	在野黨
自由民主黨	綠　黨
社會民主黨	自由黨
基督民主人民黨	福音人民黨
瑞士人民黨	堤奇諾人
	勞工黨
	瑞士民主人士
	聯邦民主同盟
	綠色社會聯合
	基督社會黨

表9： 第四十六屆國會上下院議員席次 (2000～2004)

	上　院	下　院	總　共
自由民主黨	18	42	60
社會民主黨	6	52	58
基督民主人民黨	15	35	50
瑞士人民黨	7	45	52
綠　黨	－	10	10
自由黨	－	6	6
福音人民黨	－	5	5
堤奇諾人	－	2	2
勞工黨	－	2	2
瑞士民主人士	－	1	1
總　計	46	200	246

　　國會 (聯邦議會) 上下兩院的議員選舉大致上也反映出人口的比例，連上院的議員四十六席中，有的雙語邦郡，甚至居於少數的語言族群也在兩位之中取得一席，瓦雷邦郡就是個好例子 (在瓦雷邦郡德語系族群只

占 32% 左右,而法語系族群占 60%,也只有一位代表)。
伯恩邦郡在朱拉邦郡獨立前,考慮到朱拉極少數法語族
群的特殊情況,在 1919 至 1979 年都留一席給朱拉法語
族群。佛立堡邦郡將近一百一十二年都只選法語族群為
兩位上院的國會代表,但是從 1960 年代後,也與瓦雷
邦郡一樣,留一席次給予德語少數族群。國會的諸委員
會發言,主要的還是德語與法語,堤奇諾議員很少用義
大利語,除非是重大的原則宣示,或是慶典,否則他們
還是希望透過德語或是法語爭取議題的通過,因為大多
數的瑞士國會議員不通義大利語文。

　　瑞士總統只不過是合議制下的聯邦政府居於平等
地位的七位部長中的首席代表而已 (primus inter pares,
the first among equals),每年由各部長輪流擔任,副總統
亦然。瑞士總統其實是個象徵性的國家元首榮譽職稱,
真正的國家元首是集體的七位聯邦部長。

　　上、下兩院在立法會期開始選舉一任四年的聯邦部
長,除非有特殊事故,部長自動辭職外❺,聯邦議會無
權抵制聯邦內閣政府,也無法要求閣員下臺。同樣的,
聯邦政府也無權解散國會。在 1848 年法國的法學專家
認為這種制度不可行,遲早會因利益衝突而癱瘓,哪知
經過一百五十四年來的運作,瑞士的聯邦政治體制依然
是個成功的典範。迄今聯邦政府不僅無政治危機,政黨
也無紛爭。雖然有增加兩位聯邦部長的建議(從七位到
九位),但沒成功,從 1848 年到今天,瑞士聯邦政府依
然只有七位部長閣員。

　　瑞士聯邦政府之所以那麼穩定,民主體制能夠發揮
功能,到底有何祕方?如果有,應該是經過那麼多世紀
相互尊重、學習容忍,瑞士人民、各族群,特別是一、

❺如於 1988 年
12 月 7 日當選
瑞士聯邦政府副
總統的柯普(也
是瑞士有史以來
第一位女性於
1984 年 10 月 2
日被選為部長),
因以電話告知司
法部門正在調查
其夫所屬公司金
錢往來的消息,
被媒體披露後,
乃於 1989 年 1
月 12 日立即辭
職。

兩百年來國會議員及聯邦政府領導階層都以尋求妥協達成共識為政治運作的最高指標，居於絕大多數的德語族群從來不仗優勢逼迫少數族群就範，富有的、產業進步的邦郡也能夠提攜經濟比較落後的農牧邦郡，透過國家的整體經濟發展，照顧全體人民的福祉。而居於少數的族群，也不會刁難，或是經常抱怨被欺負，抵制多數強勢族群的傲慢。為了整體瑞士人民的長遠利益，各個族群都學會相互容忍，從協調妥協中尋求社會平衡安寧，達成國家認同的共識。尊重各族群不同的語言文化的差異，相互容忍不同的宗教信仰，應該算是瑞士的民主政治的奇蹟。

第二節　直接民主的特徵

選民不僅可以投票選代表，也可透過公民投票決定重要的議題，例如加入聯合國與否。聯邦立法也可以透過公民投票行之。瑞士是全世界運用公民投票最多的國家，其直接民主已蔚然成為瑞士政治體制的重要組成部分。在邦郡與聯邦層次經常舉行公民投票。有些邦郡還硬性規定所有的立法（有些邦郡僅在財政事務上規定）最後應由全邦郡民投票裁決認定之。有關聯邦事務須同時獲得聯邦及全體邦郡大多數決的通過才能修正或改革聯邦憲法，才能進行緊急措施或是加入國際組織。在日內瓦雖然有聯合國的歐洲駐在總部，1986 年瑞士聯邦政府贊成加入，可是經過全民投票結果 75.7% 的瑞士公民還是拒絕聯邦政府的建議，當時依然堅持維持中立的傳統，直到 2002 年瑞士才加入聯合國。1992 年 5 月瑞士經過全民投票終於加入聯合國的周邊組織的國際貨幣基金會及世界銀行。然而加入歐洲聯盟卻功虧一簣，這恐與瑞士享有獨特的金融銀行優勢有關，因為一旦加入歐洲聯盟，整個瑞士金融銀行將無法獨立運作，一定會被納入歐洲經濟貨幣整合的體系。不過瑞士依舊無法擋得住整個歐陸的急速經濟、貨幣及政治的整合，那只是時間的問題。

圖 34：位於日內瓦的聯合國總部

　　根據統計資料，從 1848 年施行公民投票以來，瑞士是全球運用這種制度最多的國家；迄 1992 年為止瑞士一共舉行了三百九十八次全國性的公投，打破世界記錄，第二多的國家澳大利亞也僅有四十三次而已❻。

　　公民投票及人民創制雙重直接民主體制的設計主要在於實踐凸顯主權在民的理念，任何憲法的修改都得透過全民的公投及各邦郡的同意，這不僅是聯邦憲法而已，包括各邦郡的憲章更改亦然，都要經過人民的複決。不管是聯邦或是邦郡，凡是通過的法案或是法令，人民在三個月內，如果有五萬人的簽署隨時都可以提請複決，如果沒有提請複決，那表示人民默認同意政府的法案、法令。1944 年到 1966 年共有二十三個人民複決的提請，十一個複決通過，十二個複決反對。其他四百多個法案或是法令人民都無異議默認。如果人民提請複決法案、法令，那表示該法案、法令有爭議性，所以人民要作最後的裁決。這是主權在民最高意志的表達，也是瑞士直接民主的真諦所在。人民複決不通過法案或是法

❻瑞士在 1866～1978 年間共舉行了二百九十六次全國性的公民投票，而在 1793～1978 年除瑞士外，全世界的國家總共施行了二百五十七次，比瑞士一國還少。

表 10: 公民投票類型及人民創制

類 型	分 類	所需簽署人數	補充說明
憲法修正 (必要公投)	憲法修正， 加入國際組 織	無需簽署	1848 年引入。碰到憲法全部修 改或是條文修改，自 1977 年凡 是條約的簽署都要舉行公投。 雙重多數（人民及邦郡）才算 通過
立法公投 (自由選擇)	－	五萬名(或八邦 郡的投票)	1874 年引入。又稱為「隨意選 擇」公投（"Facultative" refer- endum）。任何法律或是政令都 可受人民的監督，如果人民公 投沒通過，則法律或是政令失 效。如果是緊迫的法律或是政 令，通過馬上生效，如果一年 後再度公投，失敗的話則失效
條約公投 (自由選擇)	國際條約	五萬名	1921 年引入，1977 年修改。如 果有足夠的簽名，條約必須面 對公投的確認，只要人民多數 通過就行
憲法創制修 改	憲法部分修 改	十萬名	1891 年引入。特殊修改條文由 聯邦政府草擬，需經聯邦國會 上、下兩院通過或拒絕，但可 提出不同的條文。人民創制的 條文或是國會的不同條文最後 經人民及邦郡的雙重多數公投 確定
憲法創制修 改	憲法全部修 改	十萬名	1848 年引入。憲法全部修改提 交人民確認，如果通過，解散 國會，然後新的國會草擬新憲 法，經雙重（人民與邦郡）多 數公投。僅在 1935 年所謂的 「陣線運動」(Frontist Move- ment) 使用過一次。

令，並不影響立法機構或是政府的運作，行政與立法機關不因此癱瘓，那只不過提醒立法或是行政部門，要考慮民意，找出人民可以接受的法案、法令而已。

公民投票複決外，人民也享有創制的權力，只要有十萬名公民的簽署，可以要求更改憲法條款，有五萬名公民的簽署，就可以對聯邦任何法案或是法令使用創制權，有關邦郡事務的創制權，則公民簽署所需人數少於五萬人，每個邦郡、每個社群區都不同。無論是聯邦或是邦郡層次，都可針對憲法或是法案提請立法或是政府機構修正或是立法，政府或是議會對人民的建議進行審議時，可提出不同的法案或是拒絕人民的創議。最後人民及邦郡同時對聯邦層次的投票裁定，至於邦郡事務則僅由人民作最後的裁定。

平均每年瑞士人民針對聯邦事務大概行使四次的創制權，至於邦郡或是社群區的創制更頻繁。特別是有關財稅議案，瑞士人民有最後的裁決權，但如此並不影響政府機構的財稅運作，人民對於支出與抽稅的平衡非常留意，使得政府官僚機構不至於濫用權柄。財稅透明，為政者成了名副其實的人民公僕，而不是人民的太上皇。

政客極有可能「譁眾取寵」，利用選民的「無知」，創議取消貨物銷售稅，可是在瑞士這種手法行不通，1952 年就針對此一議題舉行公投，絕大多數反對取消銷售稅，因為瑞士公民很明顯的知道政府無稅源的話，財政危機會損及國家的發展，國家不穩，最後還是人民要付出昂貴的代價。這種人民的集體智慧是瑞士直接民主成功的基石。在邦郡或是社群區層次，人民參與直接民主制度的運作，使得地方政治人物及官僚無從偏離人民的主流民意。在這種直接民主體制下，政黨政治就不像在代議的議會制度那樣重要。

瑞士是個講究秩序，尋求共識的社會，有創意的、有奇想冒險性的瑞士人很難在金融銀行保險的環境裡發揮天賦創造的長才。或許瑞士也因為內政清明，幾乎沒有論爭，可說是與世無爭的平靜國家，所以不像其他歐洲鄰國孕育出大思想家、藝術家、音樂家或是有影響力

圖 35：托馬斯・曼

❼盧梭，十八世
紀有影響力的法
國思想家，出生
於日內瓦，當時
日內瓦還沒有加
入瑞士聯邦。

❽在美國揚名的
作曲家。

❾當代瑞士德語
系小說家、戲劇
家，生於蘇黎世。

❿當代瑞士德語
系小說家、戲劇
家，生於伯恩邦
郡。

的文學家，就算是原籍的瑞士人也多是在國外發跡，像
盧梭❼，布羅赫 (Ernest Bloch, 1880～1959)❽，弗利許
(Max Rudolf Frisch, 1911～1991)❾，杜蘭馬特 (Friedrich
Dürrenmatt, 1921～1990)❿。

　　不過這些人士中最著名的，當推出生德國而歸化瑞
士的諾貝爾文學獎得主托馬斯・曼 (Thomas Mann)。

　　托馬斯・曼是德國二十世紀最著名的寫實主義作
家，1875 年出生於呂北克。創作以中、長篇小說為主，
《布頓伯魯克世家》為其成名作，被公認為當代文學中
經典作品之一，更使他獲得 1929 年諾貝爾文學獎。其
他如《魔山》、《馬利奧和魔術師》、《特里斯坦》、《托尼
奧・克勒格爾》、《威尼斯之死》、《約瑟夫和他的兄弟
們》、《洛蒂在魏瑪》和《浮士德博士》等都享有盛譽。
托馬斯・曼從不同角度描寫社會中的各種人物，尤其是
知識分子的精神危機，觸及許多重大社會問題。希特勒
上臺後，托馬斯・曼被迫流亡法國、瑞士、捷克，最後
至美國。當他剛到美國時，《紐約時報》記者問他「放

逐是不是一種沉重的負擔?」他回答:「我在何處,德國就在何處。」(Wo ich bin, ist Deutschland.) 言談中不時流露出對德國文化的關心與自信。1952 年因反對美國的麥卡錫主義,再度遷居瑞士蘇黎世,1955 年逝世。

第三節　族群語言文化和諧

瑞士可說是歐洲的縮影,歐洲眾多的文化、語言、宗教及地區的差異性,都可在瑞士呈現出來。瑞士獨特的聯邦民主體制化解族群或地區的紛爭固然無法移植到東亞諸國,但是其解決爭端的方式還是可以學習的。

今日全球將近有兩百個國家,有超大國如美、俄及迷你的小國,如還不到五十萬人口的盧森堡(至於南太平洋的島嶼國家就更不必談了),可是從十五、六世紀主導世界經濟迄今大致還是西歐的英、法、德,及二十世紀的美、日諸國。從人口及面積而言,瑞士是個小國,可是經濟實力卻是不容忽視。其經濟發展的過程值得探討的地方不少,不是任何國家都可以模仿的。特別是瑞士擁有得天獨厚的地理環境及歐洲強國公認的永久中立和平國家地位,只要全球經濟大環境能夠繼續繁榮,瑞士自然能夠更上一層樓。在二十世紀 1930 年代世界經濟大蕭條的時候,瑞士也經歷過一個灰暗的年代。到底依賴金融保險及機械化學高附加價值產品貿易的國家,無法自立於世。然而光有世界經濟繁榮的大環境,如果沒有高素質的管理經營人才,及金融保險投資業及精密機械、化學產業的國際競爭力,瑞士還是無法擁有舉世羨慕的傲人成就。

總而言之,瑞士世世代代政治人物都能謹慎地靈活運用聯邦體制來解決敏感的族群矛盾。他山之石可以攻錯,世界各地都有族群歷史糾葛,當然不是任何國家都可以模仿瑞士以邦郡高度獨立自主的聯邦體制處理族群的難題,但是瑞士史的研讀總可提供不同的思考空間。

歐洲,特別是西歐,在經歷幾個世紀的種族、族群的衝突後,其

所爆發的戰爭規模愈來愈大,二十世紀兩次生靈塗炭的戰火,終於迫使各國尋求永世的和平,法、德修好,透過政治經濟的緊密合作;從 1952 年六國(法、德、義、比、荷、盧)促成「歐洲煤鋼共同體」的創建,到 1958 年「歐洲共同市場」的成立,其中漸漸擴大從六國到十二國,經過〈單一歐洲法案〉(1987) 及〈馬斯垂克條約〉(1992) 的簽署,演變成今日共有二十五個會員國的「歐洲聯盟」。瑞士聯邦政府雖然有意願加入「歐洲聯盟」,但經過公民投票結果反對的居多數,因此瑞士迄今仍然獨立於「歐洲聯盟」之外。原因也許是聯邦體制的考量,更可能與瑞士人民不願因複雜的族群遷徙移動(「歐洲聯盟」〈馬斯垂克條約〉及〈申根公約〉規定會員國人民有遷徙到任何會員國的自由)而破壞其安寧的世外桃源有關吧。

然而,歐洲整合的潮流趨勢已銳不可當,在整合過程中固然免不了有節外生枝的挫折與難題(貨幣風暴、結構性失業的失調、各聯盟會員國的財政危機等等),但總的來說,進一步的(財稅、貨幣的)整合只是時間的問題,可斷言的是走向歐洲聯邦體制不必再等數個世紀。一旦歐洲加速進行整合(尤其是單一貨幣已經體現),瑞士將無法抗拒此一不可擋的巨流,而融入「歐洲聯盟」。

事實上,隨著歐洲政經的整合,民主化、自由化也會更加深化,文化多樣性的訴求也會取得共識。歐洲各族群在民主、自由傳統的體制下透過文化與科技的提升,在「最適原則」❶(principe de subsidiarité) 的運用下也會達到和諧的基本理想。

瑞士直到 2002 年才加入聯合國,但是許多重要的

❶ Principle of subsidiarity 的中文極難準確地翻譯,有人從字面上將之翻成「輔助原則」、「補充原則」,可是望文生義卻易滋生誤解,因此倒不如從其意涵推敲翻成「最適原則」較妥當。歐洲共同體整合過程中為了釐清在布魯塞爾總部的歐洲執行委員會與各擁有主權會員國間的權限,乃發展出「最適原則」的機制來處理相互間的關係。1992 年 2 月 7 日簽署的(1993 年 11 月生效)〈歐洲聯盟條約〉於原〈歐洲經濟共同體條約〉3b 條,將此一原則明確地規定。

國際機構都集中在瑞士的日內瓦，在 1980 年代後半，瑞士曾經就是否加入聯合國進行公民投票，當時有 75% 的瑞士選民投票反對，在 2002 年 3 月進行第二次的公民投票前，到底瑞士公民在國際現勢轉變快速的情況下如何因應，以民意調查所顯示的是這次支持加入的比反對的取得優勢，在 2002 年 2 月底瑞士 GfS(Gesellschaft für Sozialforschung)⓬ 所公布的民調有 54% 的支持，37% 的反對，9% 還沒有確定。跟歷史傳統一樣，都市選民一般而言較開放，贊同加入，鄉居的選民保守，持反對或是保留意見的居多，聯邦政府則積極運作盼望能夠加入聯合國，跟以前一樣，聯邦政府也贊成加入歐洲聯盟，但是最後公民投票結果還是反對的居多。不過固然這次全國人民贊成的居多數，但是《瑞士公民投票法》卻對少數人口的邦郡有保障，除了選民絕對多數贊同通過外，也得有二十六個邦郡一半以上的投票贊成才算數。

　　以當時瑞士民意的走向，雖然有充分的理由贊同加入，但是傳統保守的瑞士中立原則及財稅負擔的考量依然不可忽視。到底是否因中立的關係才使得瑞士免遭兩次世界大戰的浩劫，這一論點歷史學家還無法做出定論。贊同加入聯合國的選民則認為繼續保持中立不見得是最符合瑞士的長遠國家利益。未來瑞士的利益不是在強權中維持中立，而是在現實國際超強的美國主導下，如何維持國際穩定的秩序，特別是國際恐怖主義團體所引發的情勢丕變的今日，瑞士已失去中立的意義，因此如何在國際新社會裡參與世界和平，應該是瑞士今後考量的重點，瑞士不可能孤立於世。

　　2002 年 3 月 3 日瑞士終於再度舉行人民創制對是

⓬1986 年設立於伯恩的私人研究機構。

否加入聯合國進行公民投票,結果大多數人民及邦郡贊成加入聯合國。
54.6% 之瑞士人民贊成,45.4% 反對,十一個邦郡及二個「半邦郡」贊
成,九個邦郡及四個「半邦郡」反對。果不其然都市化的邦郡都贊成
加入聯合國,另外一個明顯的特徵是法語(羅蒙瑞士)邦郡(日內瓦、
諾夏德、沃、瓦雷、朱拉及佛立堡)也都以高百分比贊同加入聯合國。
由於人民及邦郡雙重投票結果都贊成加入聯合國,才算通過憲法修正。
1999 年憲法的第一九七條修正條款,在通過公民投票後,增加瑞士正
式加入聯合國,明白授權聯邦政府向聯合國祕書長申請加入聯合國,
並聲明瑞士遵守《聯合國憲章》的義務的條款。

　　原始森林三小邦郡的公投結果為:烏里 40%、舒維茲 39%、上瓦
爾登 45%、下瓦爾登 47%(後兩個半邦郡原來是下瓦爾登邦郡),贊成
的遠少於反對的百分比。這三邦郡在 1847 年組成「分離同盟」,內戰
失敗後依然深怕自主權消失,因此政治上非常封閉保守。這三個保守
邦郡傳統上經濟較落後,難怪在十五到十八世紀時是將子弟送往國外
當傭兵最多的邦郡。

　　瑞士是個或許比美國,德國或是加拿大更分權的聯邦國家。現行
憲法立法於 1848 年,其第一○九條條文有關語言的規定是由沃邦郡的
代表提出,瑞士國會同意,主要用意在保障瑞士公民可以用三大族群
語言之一的母語與聯邦當局聯繫。後來在 1874 年 5 月 29 日又修訂,
第一○九條條文改為第一一六條:「瑞士三大主要口說的語言,德語、
法語及義大利語是瑞士邦聯的國家語言。」之後於 1937 年 12 月 17 日
又修正第一一六條有關語言的《聯邦憲法》條款:「德語、法語、義大
利語及羅曼許語是瑞士的國家語言。德語、法語及義大利語則宣布成
為瑞士邦聯的官方語文。」❸之後有關瑞士語言的憲法修正是 1996 年,
將羅曼許語也列為官方語文。瑞士憲法最新的全盤修正版是 1999 年 4
月 18 日全國舉行公投通過的憲法,1999 年 9 月 28 日瑞士聯邦議會正
式公布新憲法,於 2000 年 1 月 1 日實施最新的憲法。新憲法有關語言
的條款與從 1874 年施行將近 125 年的舊憲法最大不同的是將第一一

六條的內容分別列成兩條：第四條國家語言：「國家語言是德語、法語、義大利語及羅曼許語。」及第七十條語文：「第一款：瑞士聯邦的官方語文是德文、法文及義大利文。瑞士聯邦與講羅曼許語的人聯繫（保持關係）時，羅曼許文也是官方語文；第二款：各邦郡決定其國家語文。為了確保語言族群間的和諧，各邦郡應留意語言的傳統領域的分布，並尊重本地少數族群的語文；第三款：瑞士聯邦及邦郡鼓勵語文族群間的理解與交流；第四款：瑞士聯邦支援多語言邦郡執行其特殊的任務；第五款：瑞士聯邦為了保衛及推廣羅曼許語文及義大利語文，特別在格勞賓登及堤奇諾邦郡採行支援的措施。」

　　聯邦當局與全國公民、邦郡或是聯邦各機構聯繫時，使用德、法、義大利官方語文，並以這三個官方語文印發聯邦立法條規文獻。至於羅曼許語文，則只是聯邦政府與羅曼許語公民聯繫時才成為官方語文。換言之，羅曼許語文不像德、法、義大利語文一樣，聯邦政府與格勞賓登邦郡聯繫時，不必用羅曼許語文，也不用翻譯印製羅曼許語文的聯邦立法條規文獻。然而聯邦政府通知羅曼許語族群時，則要用羅曼許語文知會。之所以在憲法上如此明文標誌，因為講羅曼許語文的人著實太少，況且大部分羅曼許語族群幾乎都通曉德語文。將羅曼許語文也列為官方語文，主要目的恐怕是為了提升羅曼許語文的活力。

　　其他幾條與語言間接相關的是：第八條平等，第二款：「任何人不能，尤其是因為出身、種族、性別、年齡、語言、社會條件、生活方式、宗教、哲學或政治信仰抑或是身體、心智或心理障礙而受到歧視。」第十八條語言自由：「語言自由受保障。」第三十一條語言被剝

⓭意謂保護羅曼許語文，特別是小學母語教育的津貼，不僅格勞賓登邦郡而已，堤奇諾邦郡在1953年每個母語是義大利語文的學童的補助是十五瑞士法郎，母語是羅曼許語文的則津貼三十法郎。

奪,第二款:「任何人的自由被剝奪時,有權依其所能瞭解的語言,立即被知會其自由被剝奪的理由以及其應有的權益。特別是有權知會其親人。」以及第一八八條聯邦法院的角色,第四款:「聯邦議會(國會)在徵選任命聯邦法院法官時,應留意到代表官方的語文。」

　　瑞士舊《聯邦憲法》第一一六條條文涉及瑞士行政基本法規,列在聯邦當局 (Autorités fédérales) 章節內。新憲法第七十條則列在第三篇聯邦、邦郡暨社群區第二章權限第三節教育、研究暨文化的規範中。根據瑞士憲法學者對語言條款的闡釋,不管是舊憲法的第一一六條或是新憲法的第七十條衍生出兩大原則:「語言的平等原則」以及「語言的個體性格原則」。四個官方語文居於平等地位,無高低上下之分。「語言的平等原則」表示瑞士聯邦的憲法法定及規範條文具有同等的價值意涵。其實在 1848 年僅德、法語文具有同等的地位,1902 年後聯邦法律條文才有義大利語文版的印行,1971 年在國會才有提法案的義大利語文翻譯。根據「語言的個體性格原則」,任何瑞士公民可以依據任何官方語言與聯邦行政單位接洽。同樣的聯邦當局各單位的人員(包括議員、部長或是行政官員)也可援用任何一官方語文表達,但是實際上議員發言要等到 1970、1980 年代才有同步翻譯的服務。

　　羅曼許語在格勞賓登邦郡的人口比例也愈來愈式微,1880 年操羅曼許語的占該邦郡的人口之五分之二,但是 90 年後,1970 年只占四分之一,講義大利語的人口反而增加。雖然如此,瑞士聯邦政府對於少數族裔相當照顧,從 1938 年起格勞賓登邦郡的羅曼許語也成為瑞士的「國家語言」,但聯邦機構卻還不將之列為官方或是法定的語文,一直等到 1996 年 3 月 10 日公民投票修正憲法語言條款後,羅曼許語才跟德文、法文、義文一樣成了瑞士正式的「官方語文」。不過根據上文提到的 1999 年新憲法第七十條有關語文的條款,固然新憲法也確認 1996 年的憲法有關羅曼許語文的官方地位,卻將之限制在羅曼許語族群公民與聯邦聯繫時,才凸顯出其法定的屬性地位。但為了確保少數族群語言不至於面臨式微的危機,第七十條第五款才又明定:「瑞士聯

邦為了保衛及推廣羅曼許語文及義大利語文，特別在格勞賓登及堤奇諾邦郡採行支援的措施。」

　　實際上，在頒布 1999 年新憲法之前，瑞士聯邦政府已經在小學教育津貼格勞賓登及堤奇諾這兩個少數語文的邦郡，1974 年聯邦政府也津貼「羅曼許同盟」(Ligue romanche) 以及格勞賓登邦郡的「維護義大利格勞賓登協會」(Association Pro Grigioni Italiano)。1980 年 12 月 19 日聯邦政府也津貼堤奇諾邦郡保護其文化及語言，可是聯邦政府卻不津貼離開堤奇諾邦郡，住在瑞士德語區的四十萬講義大利語的瑞士公民。這涉及語言權的兩大基本原則運用：「領域（或地域）原則」及「自由原則」，所謂的語言「自由原則」，顧名思義，是每個人都有權用自己的母語或是自己選擇的語文口頭或是書寫表達意思。實際上，法律上規範也有其極限。在七百多萬住在瑞士的人口中，約有一百多萬外籍人士，其中西班牙、葡萄牙、塞維亞及克羅西亞語群居多。

　　瑞士聯邦政府經常採用公民投票解決政治紛爭，因為人口極少數的格勞賓登邦郡實際上在瑞士聯邦體制下，無法發揮其政治影響力，如果正式列為官方語文的話，聯邦政府非得將所有的官方文獻翻譯成羅曼許文不可，對國家財政是一大負荷，何況大多數的格勞賓登公民都會講德文或是義大利文，因此以政治方式解決少數族裔的問題，將之列為「官方語文」，如此可以享有聯邦政府的財政津貼，以確保該語言在格勞賓登邦郡的發展。其實在瑞士，少數族群特別受到關照，瑞士有三套完整的公共廣播電臺、電視網，義大利語系人口未超過全國的 8%，但其瑞士義大利廣播電臺電視 (Radio Television della Svizzera Italiana) 卻在 1992 年全國的公共廣播電臺、電視網的總預算中占了 25%。

第四節　憲政危機的處理：朱拉邦郡的誕生

　　根據 1990 年的人口普查，依宗教信仰劃分，全國有 46.1% 的瑞士

公民是天主教徒 (Roman Catholics)，40% 是基督新教徒 (Protestants)，猶太教、伊斯蘭教占 2.7%，其他無宗教信仰者則占 11.2%。依族群語言分布來考察，如前所述瑞士的族群都依語言集中在各區域，可是在瑞士德語族群的第二大邦郡伯恩北部與法國緊鄰的朱拉山脈地區卻有 15% 講法語的少數族群集中在幾個縣鎮，其社會經濟條件較伯恩邦郡的多數德語族群遜色，而且多數是信仰天主教（約占 59%），歷史上有名的余格諾 ❶ 為了逃避宗教信仰迫害，於十六、十七世紀間先後從法國逃難到朱拉山脈地區一帶，他們都是身懷一技之長的鐘錶匠，目前居住朱拉南區縣鎮的法裔信基督新教的大概都是余格諾的後裔，一般都比同樣操法語的天主教朱拉縣鎮民還富裕。

　　1979 年獨立前的法語朱拉地區又分成南北兩大區，南區三縣鎮古德拉里 (Courtelary)、牧迪葉 (Moutier) 及新城 (La Neuveville) 大部分是基督新教徒，經濟條件較占優勢，選擇留在伯恩邦郡，北區三縣鎮波鴻璀玉

❶法國太陽王路易十四於 1685 年撤銷 1598 年頒布給基督新教徒信仰自由的〈南特敕令〉，大約有二十萬法國的新教徒余格諾逃亡前往普魯士、荷蘭及瑞士（集中在日內瓦、蘇黎世及巴塞爾），由於朱拉山脈的鐘錶業非常發達，所以這些講法語懷有技術的余格諾鐘錶匠也在朱拉定居。

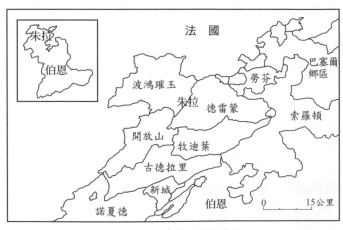

圖 36：朱拉地區圖

(Porrentruy)、開放山 (Franches Montagnes) 及德雷蒙 (Delémont) 絕大多數是信仰天主教，經濟地位及社會條件較差，積極主張獨立，於 1979 年以此三縣鎮為主建立朱拉新邦郡。另外在北區有個新教德語縣鎮勞芬 (Laufen) 不加入朱拉新邦郡，不過因地理因素於 1993 年也離開伯恩邦郡，選擇加入巴塞爾鄉區邦郡。

　　肇因於歷史因素以及語言、文化、宗教差異，甚至社會經濟條件相對弱勢，朱拉山脈地區的天主教法語裔族群在第二次世界大戰後尋求自伯恩邦郡脫離成立新邦郡的政治運動 (Le séparatisme jurassien)。原來 1815 年在維也納會議，普魯士、英國、奧地利及俄羅斯與瑞士代表討價還價❺，最後「妥協」將天主教及法語族群的朱拉地區劃歸入德語裔且絕大多數為基督新教的伯恩邦郡內。由於處於邊緣山區，朱拉居民長期以來感受到被伯恩邦郡遺棄或是在政治、經濟上飽受不平等的差別待遇。

　　但是戰後朱拉並沒有分離意圖，而是在 1947 年 9 月 9 日發生了莫克里事件 (Georges Moeckli) 後，引發成政治難題。莫克里是伯恩邦郡朱拉地區法語族群的社會民主黨政治人物，曾擔任過伯恩邦郡的首長，要接任邦郡公共建設暨鐵道廳長卻被湖間市 (Interlaken) 選出的議員朱彌 (Hans Tschumi) 以農民黨（即瑞士人民黨之前身）名義唱反調，認為此一部門太重要，不可以由法語族群擔任。當然此舉促發朱拉法語族群的抗議，最後投票結果差兩票，莫克里功敗垂成。這一事件不是語言的問題，莫克里德、法語流暢無礙，而是族群差別待遇，莫克里事件成了朱拉分離運動者 (Les séparatistes jurassiens) 用來援引受德語族群壓迫的象徵。自此而後，

❺伯恩邦郡要求將沃邦郡及阿爾高劃入伯恩，要求沒有結果，列強才以朱拉為代價將之補償給伯恩。

倡議脫離伯恩邦郡的「朱拉合眾」(Rassemblement jurassien) 運動組織充分運用媒體，進行思想教育，發行《自由朱拉》(*Jura libre*) 刊物，強調朱拉人民文化的特殊屬性，並將朱拉議題提升到國際舞臺，雖然反對武裝「叛變」或「起義」，但是年輕的激進朱拉分離者「朱拉解放陣線」(Front de libération jurassien)，於 1962 年開始進行恐怖暴力活動，雖然瑞士及朱拉的法語族群都反對暴力行為，但是其政治效果對平靜的瑞士人民而言，卻相當有效，最後在伯恩邦郡所設計的解決政治難題機制下，依民主程序進行解決紛爭的步驟，於 1978 年經過公民投票和平解決這一棘手的政治難題，朱拉邦郡終於在 1979 年成為瑞士最新的邦郡❶❻。

❶❻這是 1815 年後增加的邦郡。目前瑞士一共有二十六邦郡，其中六邦郡是屬於半個邦郡。

從 1848 年後一再修改的《聯邦憲法》並沒有預料到會發生脫離某一邦郡而成立新邦郡的情事。因為這不是瑞士受到外國的威脅，更不是邦郡與邦郡之間的紛爭，或是邦郡公然對聯邦體制的挑戰，而僅是伯恩邦郡的少數弱小族群朱拉山脈講法語的縣鎮要求脫離多數德語族群的邦郡，因此聯邦政府無法直接介入。

不過在進行政治協商過程中，朱拉山脈地區內部本身各縣鎮卻也引發分離派及情願留在伯恩邦郡的效忠派 (loyalistes) 間的爭議。余格諾後裔法語基督新教社會經濟條件好，認為繼續留在伯恩邦郡內最能夠保障他們的權益。面對此一嚴峻的現實，朱拉分離派得進行雙重「作戰」：對伯恩邦郡及對朱拉基督新教三個南方縣鎮法語少數族群的拖拉戰。而在這三個基督新教占絕大多數的法語族群的縣鎮內又衍生出信仰天主教的少數法語族群分離主義者，因此實際情況更加複雜化，請參見表 11「朱拉地區語言及宗教分布」。

表 11：朱拉地區語言及宗教分布

	朱拉北區			朱拉南區			勞芬	朱拉全區
	德雷蒙	開放山	波鴻璀玉	古德拉里	牧迪葉	新城		
語　言								
法語（母語 %）								
1880	76	95	93	63	62	70	2	72
1910	72	94	91	80	68	77	3	74
1941	80	90	88	77	76	73	3	74
1970	77	86	86	69	73	65	2	69
1980*	83	90	89	74	77	68	2	73
德語（母語 %）								
1880	23	5	7	36	37	29	98	27
1910	25	5	8	18	29	21	92	23
1941	19	10	11	21	23	26	97	25
1970	11	9	7	18	13	23	83	20
1980*	7	6	5	17	13	23	86	18
宗教（天主教 %）								
1850	96	99	98	6	39	3	98	66
1880	88	96	92	9	35	5	93	59
1910	79	93	89	12	33	7	87	56
1941	76	88	85	11	31	6	82	54
1970	82	85	86	31	46	24	84	63
1980*	82	85	85	27	36	24	79	62

＊朱拉新邦郡成立後所調整的數據

　　問題是如果透過民主程序，朱拉法語天主教族群強制迫使同樣是法語但信仰基督新教的族群選擇新的邦郡，那也是解決不了問題，至少違反主權在民的基本原則。考量到朱拉法語族群多數選擇建立新邦郡，而少數的情願留在伯恩舊邦郡這種複雜的政治生態，伯恩邦郡設

計如何化解此一重大的政治難題，應該著手瞭解各族群的「主權在民的真正民意何在」。好在瑞士直接民主及公民投票及人民創制的聯邦體制提供可以解套的運作機制：首先要確定進行公民投票的對象。依瑞士聯邦三層體制，當然第一個要考量的對象是住在朱拉地區的社群區包括縣鎮在內的居民，到底他們的真正意願如何，要脫離還是繼續留在伯恩邦郡；這一關過了，再進行第二道公民投票，徵詢伯恩邦郡的人民，如果大多數的朱拉人民要脫離伯恩邦郡，伯恩邦郡的全體居民在何種條件下願意接受朱拉的分離意願。最後一道手續是聯邦層次的公民投票，要求瑞士全民及全國二十六個邦郡對於伯恩及朱拉居民決定後所作的憲法修改，對朱拉脫離伯恩建立新的邦郡做最後的裁決。

1967 年伯恩邦郡政府向朱拉人民提出三個方案：保持現狀、自治及自伯恩分離成立一個新的邦郡。1968 年成立一個「聯邦諮詢委員會」(Federal Advisory Commission)：兩位前聯邦政府部長及兩位聯邦國會議員被任命考察朱拉自治或是成立新邦郡的各種可能性。這算是聯邦政府首次非正式插手處理伯恩邦郡內的政治紛爭，意味著瑞士全國高度關切此一政治紛爭的發展。

接著朱拉分離者持續激烈訴求獨立自主運動的發展，伯恩邦郡迫於緊張形勢，乃開始進行三階段的公民投票。1970 年伯恩邦郡人民以六比一的絕大多數同意接受三階段的公民投票機制，以解決與朱拉的政治紛爭。第一階段：首先問朱拉居民：是否願意建構一個新邦郡？接著如果朱拉的任何一個縣鎮超過多數，則這些縣鎮有五分之一的選民要求，可以進行第二階段的公民投票：你們願意參與新邦郡或是留在舊邦郡？第二階段的公民投票旨在處理分離派及效忠派間的矛盾，不願有任何社群區或是縣鎮被迫違反他們的政治意願。第三階段：朱拉要成立新的邦郡版圖後，讓一些位在朱拉版圖的社群區居民有最後的選擇權：只要有五分之一的社群區居民就可以要求舉行公民投票：你寧願加入新的朱拉邦郡或是留在舊的伯恩邦郡？

1974 年及 1975 年兩次公民投票，第一次公民投票，所有的朱拉

縣鎮居民投票結果：三萬七千人贊成成立新邦郡，三萬四千人反對。分離派及效忠派依地區及宗教信仰的差異有了明顯的投票區隔：朱拉北部諸縣鎮居民以三對一比例投票贊成成立新邦郡，但是南部三縣鎮則以二對一比例表達願意留在伯恩邦郡。為此伯恩邦郡於 1975 年再舉行第二次公民投票解決南部朱拉的三個縣鎮，結果兩個縣鎮很明確願意留在伯恩邦郡，最後再舉行第三次公民投票解決最後一個意向不明的縣鎮，結果牧迪葉市選擇留在伯恩邦郡，其他幾個接近北部的社群區則贊成劃分在新的邦郡內。

表 12：朱拉分離、成立新邦郡公民投票

	朱拉北區			朱拉南區				
	德雷蒙	開放山	波鴻璀玉	古德拉里	牧迪葉	新城	勞芬	朱拉全區
1959 年贊成分離 %	72	76	66	24	34	35	27	48
1974 年贊成建立新邦郡 %	79	77	68	23	43	34	26	52
1975 年反對分離主張，留在伯恩邦郡 %	–	–	–	23	44	34	–	–

　　三個留在伯恩邦郡的法語系縣鎮居民，並不因此在語言上受到歧視，伯恩邦郡依然尊重「領域原則」的語言權。

　　在三次公民投票後朱拉新邦郡的版圖終於確定，1976 年朱拉人民選出制憲大會，起草新憲法，1977 年朱拉人民通過新憲法，1978 年瑞士全民（一百二十一萬同意朱拉獨立，二十八萬反對）同意朱拉人民的最後意願，接受朱拉為瑞士的第二十六個邦郡。

　　斯坦納教授 (Steiner) 在其大作 *Amicable Agreement Versus Majority Rule: Conflict Resolution in Switzerland* 中一再強調瑞士民主體制的靈活性，能和平解決紛爭。宗教、語言、風俗習慣不同的族群中，透過靈活的瑞士聯邦民主體制以及人民寬容文明的素養，確實做到平和地解決棘手的族群矛盾關係。

第九章
第二次世界大戰後欣欣向榮的瑞士

十五至十八世紀瑞士職業傭兵與瑞士的銀行金融齊名，法國十七世紀名作家拉辛在其喜劇《訴訟者》第一幕就有挖苦瑞士人「沒錢，就沒有瑞士人」的名言。

瑞士日內瓦或是蘇黎世銀行家的專業精明舉世聞名，十八世紀法國哲人伏爾泰 (François Marie Arouet de Voltaire, 1694～1778) 晚年曾住在日內瓦邊境不遠的村莊，對於日內瓦銀行家印象深刻，留下如下的謔言：「假如您看到一個瑞士銀行家自窗口跳下，跟著他跳下去吧，肯定有錢可賺。」

第一節　經濟繁榮的條件

瑞士的經濟跟日本、臺灣與韓國一樣，缺乏自然資源，可耕地相當有限，雖然人口稀少，卻集中在大都市，因此都市化的壓力相當大，1960 年代有六百多萬人口，當時臺灣的人口大概維持在一千萬人左右，但是三十五年後，瑞士人口僅增加一百多萬人，達七百零一萬九千人左右，而臺灣的人口已經超過二千一百萬。既然瑞士人口成長緩慢，國內市場規模小，精密製成品就得依賴世界市場的拓銷。

由於瑞士人民的勤勞，精密產業非常發達，又有舉世最穩定的價格體系，因此金融銀行保險業一直最受全世界富豪的青睞。1995 年瑞士每人平均國民總生產值約 37,180 美元。如果以每戶家庭（2.2 人）的平均所得 (1993) 約 70,700 瑞士法郎（47,850 美元）來看，生活相當富裕。要是進一步將消費物價指數與所得指數相較量（參看表 13），也可證明瑞士一般人民的生活水平年年改善。

表 13：消費指數與所得指數

	1989	1990	1991	1992	1993	1994	1995
消費物價指數	94.9	100.0	105.8	110.1	113.8	114.7	116.7*
所得指數	96.2	100.0	106.9	111.9	114.8	116.6	－

* 三月　　　　　　　　　　　　　　　　　　　　　　　　(1990=100)

十九世紀後半，瑞士才開始急速工業化，不過一直到二十世紀初，瑞士依然連小康的國家都算不上，在貧困的邦郡還是有吃不飽的瑞士人，因此移民到美洲的瑞士人不在少數，足跡遍布美國、加拿大、澳大利亞及南美洲，但農民移居法國的最多。難怪 1972 年 Roger Nordmann 及 Paul Keller 兩人合著出版的《瑞士，我們的奇遇》(*La Suisse, notre aventure*) 就是以「從貧困到繁榮」(De la pénurie à la prospérité) 為副標題。兩位作者認為瑞士的奇蹟就是克服貧瘠又狹窄的國土。無自然資源，瑞士可說是以全球為市場。從中世紀起瑞士中部幾個貧困的農牧邦郡就得迫使年輕力壯的農夫到歐陸各處當傭兵，實際上十九世紀末就有數萬的農民、奶酪生產者或經商的到國外求發展，如今依然有為數相當多的瑞士人旅居國外，被稱為第五個瑞士 (La cinquième Suisse)❶，瑞士成為富裕繁榮的國家，是在第二次世界大戰後。

瑞士繁榮的跡象到處可見，全國人民平均所得不僅高於全球先進國家，更可貴的是貧富差距縮小，工人生活水準達小康，不管是鄉下

的公務員或是農夫都過著舒適的生活。沒有貧民窟，家居廚房器材、家具都是上乘的，就算是失業的瑞士人也受到國家的照拂，不至於流離失所，當然吉普賽人算是例外，雖然瑞士當局曾有過干預，甚至強將吉普賽人的孩子送往公家機構「照料」，但這種強將家族拆散的做法，違反人道之舉，最後還是回歸到人權層次處理，人民的生活方式只要不損及公安視聽，應該要尊重。

　　瑞士受到地理環境的影響，自然資源匱缺，高山峻嶺占據大部分國土，市場狹窄，雖有一種類似孤芳自賞的民族文化傳統性格，卻意識到發展國際貿易是瑞士繁榮的最佳保障。寄居國外的第五個瑞士僑民與經常到國外經商，視察業務的瑞士精明經理人才，可說是瑞士繁榮的大功臣。唯有開放自由的國際貿易體系，瑞士才能享有高品質的生活水準，這也是為什麼瑞士一直倡導世界和平的道理。

　　第二次世界大戰後的瑞士，不像其他受到戰亂衝擊的歐洲國家。歐洲國家面對富裕的瑞士，感慨萬千，瑞歐邊境，特別是瑞、法邊境，瑞、義邊境，觀光客入境時，常被瑞士的關卡人員誤當難民處理，然而歐洲在 1960 年代後半，經濟急速發展，與瑞士的生活水平漸次拉近，不再像第二次世界大戰後初期，那段艱苦時期的落差那麼大。

　　1991 年有篇瑞士的購買力的報導，瑞士人平均只要工作二十分鐘就可購買一份漢堡及炸馬鈴薯條的餐點，美國人大約需要二十六分鐘的工作時間，墨西哥人則要工作將近四個小時才能獲得同樣的食物。當然這只不過是概括式的比較，不過不管是用平均國民所得，工人平均每月收入或是瑞士國民用於食物、住宅的可支配

❶瑞士共由四大族群組成的，旅居國外的成了第五類瑞士人，故稱為第五個瑞士。

175

所得百分比來比較，瑞士無疑是世界最富裕的國家之一。在 1970 年瑞士的平均國民所得 3,240 美元，僅次於美國的 4,840 美元、科威特的 4,111 美元、瑞典的 3,840 美元及加拿大的 3,550 美元。三十多年來瑞士依然維持名列前茅，有時超過瑞典、加拿大，比德國、法國及英國享有更高的所得。

二十世紀初，瑞士開始實施健康及福利保險。1911 年瑞士通過《聯邦保險法》，規範意外及生病保險，強制公務員及雇員保意外險，老年暨生存險，包含殘障收益，也是強制性的，由雇主及雇員擔負。失業保險則要等到 1976 年才立法為強制性的保險。

歐洲還沒有整合前，歐盟會員國都對瑞士羨慕不已，可是對今日的瑞士是否還保有永恆世外桃源、伊甸樂園的印象，就難確定。瑞士真的都沒有社會問題？年輕人吸毒的情況嚴重嗎？無犯罪治安難題，經濟一直能保持繁榮？正如濟格飛所說，瑞士的繁榮是靠特殊國際經貿金融關係維持的，全球性的景氣能夠穩定下來的話，瑞士的繁榮肯定會持續下去。

第二節　瑞士產業經濟的特色

一直到十九世紀工業化之前，瑞士與其他先進國家一樣，農業所占的比例相當高，如今農牧業人口已低於 10% 以下，1960 年約有 12%，1990 年剩下 6%。瑞士實際上可耕種面積相當有限，二十五萬公頃生產小麥、馬鈴薯、油菜、甜菜糖、些許煙草及大量的蔬菜。除此之外，羅蒙瑞士地區小山坡出產有名的葡萄酒，但是最有名的還是瑞士的牧場所生產的牛奶、牛酪，尤其是佛立堡邦郡葛呂葉 (Gruyère) 產的牛酪最享盛名。此外，瑞士的巧克力糖與比利時的精品相互輝映。雀巢 (Nestlé) 總公司坐落在沃邦郡濱臨雷夢湖畔的柏威市 (Vevey)，在世界各角落都有其分公司。全世界產牛奶的國家不少，但是像雀巢能夠從瑞士本地的牛奶加工小公司，發展成各種農牧加工產品行銷全球，

圖 37：位於瑞士的雀巢總公司

並一直保持繁榮的世界級企業可不多。雀巢之所以能夠蓬勃發展，主要的還是靠創新，又能抓住時代的脈動，吸引一代又一代的顧客，時時透過研發，提供新的產品。但是一個企業的發展，絕對不可能僅靠技術的創新，雀巢的經營管理，以金融優勢，統籌運作，又能夠分權，讓分布在全球各地的分公司靈活開發市場。從產品的技術層面管理，到各國的市場發展，透過研發、創造、創新，自成一個完整的雀巢企業文化體系。雖然各國的經理人員常常是就地取材，但是都要在瑞士柏威市總部接受雀巢的企業文化薰陶。

瑞士是個相當開放的自由經濟市場國家，國際貿易是瑞士的命根，主要是靠自外國輸入的自然資源，與輸出高附加價值的產品，以賺取外匯。為了吸引外資存放款項到瑞士金融銀行，瑞士一直維護自由匯兌體制。民營企業，特別是銀行、再保險業對聯邦政府的影響力相當大。1850 年以前，瑞士各銀行發行自己的貨幣，傭兵也從國外帶回外國貨幣，瑞士沒有統一的本國貨幣，幣值混亂。1850 年才以法郎 (Franc)

作為通貨，但仍沒有統一的發行機構。到 1907 年聯邦政府的中央銀行，即國家銀行 (SNB) 才擁有統一發行瑞士法郎的貨幣權。而在這之前，在十九世紀已經有瑞士的銀行家擔任法國、奧地利及荷蘭中央銀行的總裁。

瑞士是歐洲諸國之中最資本主義化的國家，與美國一樣，私人投保社會險，國家提供的社會安全無法與北歐瑞典或是法國比擬，社會安全靠資方與勞方的協議。聯邦政府的老年保險 (assurance-vieillesse) 僅是對老年人補貼性質的支出，國家的財政負擔不大，因此所得稅當然比瑞典、法國還低。換言之，瑞士人要自己在年輕時規劃老年退休金，支付各種保險金，國家僅是從旁協助補貼而已。

一、瑞士的鐘錶

瑞士與東亞的日本、韓國與臺灣一樣，山脈占據大部分國土面積，幾乎沒有礦產資源，瑞士擁有最重要的自然資源只是水力發電而已，僅有極少量的鐵礦，不過開採不易，成本昂貴。

瑞士最大的資產是擁有高度技術又勤奮的人力，以鐘錶業為例，原料與運輸成本只占售價的極小部分而已，換句話說，跟高度精密機械或是化學藥劑產品一樣，都是高附加價值的產品。其實從十六世紀到十九世紀初，瑞士的手工藝精密產品已經銷售到歐陸其他國家，甚至跨洋到遙遠的世界各地。紡織品如巴塞爾的絲帶、蘇黎世的絲緞及瓷器、諾夏德的印花布、日內瓦及朱拉的鐘錶精品以及伯恩的金銀器精細工藝品，大部分的手工藝匠都是因宗教迫害自法國或是義大利逃難來的基督新教徒。據估計從十七到十八世紀逃難到瑞士與德國的余格諾法國基督新教徒約在二十萬至三十萬之譜，他們對瑞士與德國產業的發展貢獻至鉅。

鐘錶業是瑞士在機械與化學之後的第三大產業。一直到 1970 年代瑞士鐘錶執世界鐘錶貿易之牛耳，生產量達全世界的 60%，占世界鐘錶國際貿易市場一半以上，當時鐘錶業所雇用的人力占全國勞動人口

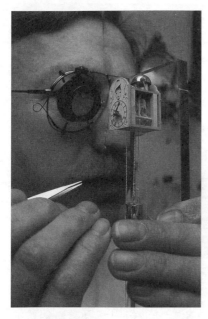

圖 38：瑞士鐘錶

的 10%，比農業人口還多。在未合併前，瑞士最大的鐘錶企業是「通用瑞士鐘錶公司」(Asuag: Allgemeine Schweizerishe Uhrenindustrie)，為瑞士全國第九大公司，其實在 1985 年與瑞士第二大鐘錶企業「瑞士鐘錶產業公司」(SSIH: La Société Suisse pour l'Industrie Horlogère) 合併成為瑞士最大的鐘錶公司——「瑞士微電子暨鐘錶公司」（SMH: Société Suisse Microélectronique et d'Horlogerie）之前，「通用瑞士鐘錶公司」及「瑞士鐘錶產業公司」都是眾多中小鐘錶及零件生產者結合聯營的企業。

　　瑞士鐘錶的生產主要分成三個層次，最低廉的占總生產量的 90%，中間一層的約占 8.5%，最昂貴高品質的僅占 1.5%。1972 年瑞士約有七萬三千名鐘錶職工，平均每位工人每年可輸出一千個鐘錶。在 1970 年代，對於世界刮起鐘錶業電子化的趨勢，瑞士過於自負，根本不將日本的鐘錶公司看在眼內，哪知在短短的十年內，日本鐘錶業挾其技術及促銷的突破，大量在全球銷售價廉物美的鐘錶，瑞士鐘錶

終於面臨空前減產的危機。1973 年瑞士輸出的鐘錶從九千一百萬減少為 1983 年的四千三百萬單位，減產一半以上，在十年內鐘錶職工減半，四分之一的鐘錶公司宣布破產關門。兩大瑞士鐘錶公司瀕臨解體，銀行乃介入，貸予緊急款項。幸好在 1981 年湯克 (Ernst Thomke) 展現魄力，利用瑞士人自己設計製造的價廉新款式鐘錶名為「瑞士錶」(Swatch)，於 1982 年量產，技術上問題解決了，銷售卻緩慢，要等到 1983 年瑞士銀行徵召海耶克 (Nicolas Hayek)，他提議重新建構瑞士鐘錶業的結構，於 1985 年正式把兩大公司合併為「瑞士微電子暨鐘錶公司」(SMH) 後，整個瑞士的鐘錶業終於復甦，1983 年的銷售額十五億瑞士法郎，淨損約一億九千萬瑞士法郎，十年後 1993 年，銷售額增加到二十八億瑞士法郎，淨賺收益高達四億四千二百萬瑞士法郎。

2001 年瑞士鐘錶的平均價格約三百六十七瑞士法郎，約外國同樣價位的六倍，雖然如此，依銷售價值來計算的話，瑞士的鐘錶保持了全世界的一半產量。銷售最多的依然是 Swatch。每只精緻高貴優質的瑞士鐘錶約有三百多個零件，在那麼細小的空間要裝置著那麼多精細的零件，又要確保時間的準確，只有用巧奪天工才足以描述。好的鐘錶平均需要一百五十個小時的工作時間，有些精確完美高品質，全年僅出產有限的編號鐘錶，則需要二千小時才能完工，難怪價值高達數萬瑞士法郎一只。名貴的鐘錶公司都集中在日內瓦，名牌如 Patek Philippe, Jaeger-Le Coultre，以及大家所熟知的 Breguet, Blancpain, Jaquet-Droz, Glashütte-Original/Union, Léon Hatot, Omega, Longines 及 Rado 名貴鐘錶，另外 Tissot, Calvin Klein, Certina, Mido, Hamilton 及 Pierre Balmain 等中價極品，以及一般價廉的 Swatch 及 Flik Flak 等全都是瑞士屬於 Swatch 集團的產品。

二、精密機械與先進的化學藥劑產業

在十九世紀工業化初期，紡織業在瑞士東部，尤其是聖加崙及阿本澤爾特別發達，像毛織品、絲織品、棉織品及刺繡都是附近農民的

副業，如今刺繡已經完全是高度機械自動化的產品，90% 以上都外銷到全球。今日人造紡織品的製造已不再侷限於瑞士的東部。瑞士的紡織業觸發了兩種高附加價值的產業：精密機械產業及化學產業。

巴塞爾是瑞士最有名的化學工業重要都會，也是世界化學重鎮之一。從十八世紀開始絲織品製造商就與巴塞爾大學教授合作開發製造絲帶所需的染色料材，雖然今日染色料材依然是巴塞爾重要的產品，不過有機化學的發展，從十九世紀後半發展出有名的製藥公司，像喜巴 (Ciba) ❷、侯夫曼拉羅氏製藥公司 (Hoffmann-Laroche)❸、三朵茲 (Sandoz)❹、蓋基（生產藥劑、染料、及殺蟲劑，於 1758 年由蓋基創立）以及杜洪俞格南（Durand-Huguenin 染料）都是在那個時候先後發展的製藥、染料等化學公司，喜巴與蓋基於 1970 年合併為 Ciba-Geigy 公司，而後於 1996 年又與三朵茲，結合成了世界第五大製藥公司諾華 (Novartis)，受到全球化競爭的挑戰，藥劑等生物科技需要龐大的投資額，不是小企業能夠負荷的，因此瑞士製藥產業不得不合併在求存中繼續發展。另外侯夫曼拉羅氏製藥公司改名為羅氏製藥公司 (Roche)，排名世界第七大製藥公司。

瑞士製藥公司除了靠投資於研發新產品外，其遍布全球的銷售網，足以與美國相抗衡，特別是以高品質、瑞士特殊的形象，其藥品對全球的醫師、藥劑師及牙醫都有特殊的魅力。其策略與美國大型藥廠不同的是產品多樣性，向不同的顧客提供不同的但細緻的產品服務，不求量化生產。瑞士對市場的區隔性策略有了獨特的發展空間，這與瑞士的鐘錶業及機械業的發展策略是一致的。

❷科拉威爾 (Alexander Clavel) 於 1859 年在巴塞爾成立絲染料工廠，後來改名為喜巴，主要產品為藥劑、染料、塑膠。

❸侯夫曼拉羅 (Fritz Hoffmann-Laroche) 於 1896 年創立。

❹三朵茲生產染料、藥劑、殺蟲劑，由凱殷博士 (Dr. Alfred Kern 1850～1893) 及三朵茲 (Edouard Sandoz) (1853～1928) 於 1886 年在巴塞爾創建。

至於機械工業的發展，首先是生產紡織機及織布機，之後因為運用水力發電，瑞士的機械業擴大成建造水力渦輪、變壓器及交流發電機。坐落在蘇黎世的布朗布維利公司在還沒有與瑞典的名機械公司Asea 合併成為 ABB 之前，執瑞士機械工業牛耳。此外精密的自動化工作母機也聞名於世，許多中小企業都是有專精的精密機械工廠。

不管是藥劑或是機械，瑞士的精密化學或是機械產品都將研發、高科技與高附加價值的精密生產技術部分留在瑞士，零組件或是比較低層次的加工產品則分布在全球的分公司工廠生產。

三、瑞士的國際貿易

瑞士的國內市場狹窄，得靠國際貿易才能維持繁榮，然而比起荷蘭、比利時，瑞士的貿易占全國的總生產比例並不高。1937 年約 25%，1939 年約 31%，1955 年約 40%，同時期美國約 10%，日本約 15%。一般而言，瑞士機械總生產的 50% 依賴國際市場，化學及藥劑 80% 到 85% 輸出，鐘錶的全國總生產只 3% 留在國內消費，其餘全部輸出。

以瑞士的國際貿易內容來考察的話，輸出產品中製造業所占的比例非常高，其實這只不過是反映出瑞士是個高度工業化的國家。1913年製造業產品占總輸出的 74.3%，1938 年 87.5%，1955 年 91.2%。以 1955 年為例，農產品僅占 4.6%，原料約 4.2%。事實上，紡織業在瑞士製造業產品中的比例一直下降，高科技的產品比例增加。1913 年，紡織品占製造業產品中的 58.4%，到了 1955 年，只剩下 13.6%。機械產品及化學製藥產品，則分別從 1913 年的 38.7% 及 6.6%，到 1955 年的 49.8% 及 15.3%。這種傾向是所有先進工業發達國家的普遍現象，日本、臺灣與韓國亦然。工業化初期紡織業（屬於輕工業，可是今日的先進國家的紡織業自動化相當普遍）在國家總生產值所占的比例較高，一旦經濟發展，高附加價值的高科技產品相對上升，而紡織品下降。

瑞士的輸入與輸出的產品結構成了鮮明的對照，以 1955 年為例，

輸入的大多數都是農產品（大麥、蔬菜、水果、酒、煙草、食肉等，21.2%）及原料（石油、棉花、絲、橡膠、咖啡、石炭鐵，34.6%），日常民生製成品約占 44.2%。輸入的地域依然是歐洲，1913 年瑞士自其他歐洲國家進口的約占 83.3%，1938 年 75.7%。但是戰後，以 1946 年為例，自歐洲輸入的開始下降到 57%，美國的部分上升到 35%，這與輸出一樣，美國本土沒有受到戰禍，經濟生產力相當高，瑞士所需要的，因歐洲還無法恢復戰前的實力，因此無法提供給瑞士。可是到了 1955 年，復興後的歐洲終於又成為瑞士的主要輸入地區，約占 71.8%。

傳統上瑞士與歐洲各國的經貿關係相當緊密，1913 年瑞士的貿易集中在歐洲，約占 74.6%，1946 年只剩下 56%，與美國則從 1938 年的 14% 增加到 1946 年的 31%，不過這個現象是因為戰後歐洲在廢墟中重建，而美國市場龐大，因此瑞士依賴美國市場的比例自然增加。同樣的，東亞對瑞士而言，在 1980 年代所占的經貿比例不高，但是隨著東亞的工業化，生活水準提高，瑞士的精密機械及藥劑化學產品輸出東亞自然增高。不過，五十年來歐洲經濟整合，瑞士依賴歐洲聯盟的市場只會增加不會減少，特別是歐洲聯盟擴大過程中，瑞士的精密機械產品輸往東歐的貿易比例也會上升。

一般而言，瑞士的輸出入貿易經常帳都是赤字的。換言之，輸入超出輸出約在 20% 至 30% 之間，但是在第二次世界大戰後，赤字卻有急速下降的趨勢，從 1947 年的 32.2%、1948 年的 31.3% 降低到 1949 年的 8.8%，1950 年的 13.8%，1951 年的 20.7%，1952 年的 8.8%，1953 年的 5.7% 及 1955 年的 13.8%，例外的是 1954 年竟然有輸出超過輸入的 1.9%。當然這僅是戰後一段時期統計數字的趨向，不過瑞士的資本帳，卻是入比出的更多，到底外國資金流入瑞士的遠比瑞士到國外投資的還多，因此瑞士的國際收支還是呈順差。

四、觀光事業

瑞士除了以精密機械、藥劑化學、精巧的鐘錶及金融銀行保險業

聞名於世外，風景優美的景觀，特別是阿爾卑斯山脈著名的高山深谷、清秀的湖光水泊，都是讓世人流連忘返的觀光勝地。阿爾卑斯山深谷水澗或是溪谷奔流，夏日冰河在高峰下映出一副少有的景色。高原花草競豔，跳躍於峭壁之間的羚羊，高鷹翱翔雄姿對於生息於忙碌城市叢林的都市人自有另一番悠閒的舒暢。

瑞士地理景觀分成三個地帶，西北部的朱拉山脈、與中部高峰迤邐連綿不斷的阿爾卑斯山脈以及夾在兩者之間的湖泊地帶。旅遊觀光地區集中在瓦雷邦郡、伯恩邦郡的高地 (Oberland) 以及瑞士東部高嶺地帶的格勞賓登邦郡，湖泊城市如日內瓦、琉森、洛桑、蘇黎世、湖間市 (Interlaken)、羅卡諾、盧加諾更是觀光據點。

十八世紀時盧梭的文藝作品已經描述瑞士諾夏德湖 (Lac de Neuchâtel) 的秀麗風光，之後十九世紀英國的詩人拜倫 (George Gordon Lord Byron, 1788～1824)、雪梨 (Percy Bysshe Shelley, 1792～1822)，德國的詩人歌德 (Johan Wolfgang von Goethe, 1749～1832)，法國的雨果 (Victor Hugo, 1802～1885)、拉馬丁 (Alphone de Lamartine, 1790～1869) 以及從來也沒跨足瑞士的德國詩人及戲劇家席勒都留下吟詠歌頌瑞士的詩章與戲劇。特別是日後鐵路交通發達，英國人到瑞士度假的人數激增，瑞士的觀光事業蓬勃發展起來。1847 年瑞士僅有蘇黎世到巴登二十二公里的鐵路，如今瑞士的聯邦鐵路公司與高山私鐵、公路網遍布全國，交通異常發達，觀光事業已成為瑞士無煙囪的一大服務產業。

夏天旅遊季節固然招徠不少外國遊客，即使是傳統觀光淡季的冬天，也吸引不少熱中滑雪的旅客，甚至為了治療疾病，也選擇著名的溫泉地帶。在十九世紀末，二十世紀初瑞士東部的達沃斯 (Davos)，成了有名的療養中心。另外，從 1970 年代開始每年 1 月或是 2 月世界經濟論壇在達沃斯舉行，除了 2001 年 911 美國紐約象徵資本主義重鎮的世界貿易中心雙塔大廈慘劇發生後，2002 年例外的在紐約舉行世界經濟論壇。參加者都是世界聞名的政商，他們為了相互營建人脈關係，

圖 39：瑞士著名療養中心達沃斯

願意付出昂貴的費用來這冰天雪地的小市鎮，名為討論世界經濟局勢，或是捍衛資本主義體系，實際上那是瑞士主辦者促銷有方，蘇黎世金融界當然不會放棄這個機會，提供金融服務，吸引更多的世界資金來瑞士。

發展觀光事業，得有搭配的條件，瑞士的餐旅器材設備、多語言的餐旅經營人員，特別是餐點烹飪師傅的培育聞名於世。在蘇黎世及日內瓦都有培訓觀光專業人才的學校，除了烹飪、旅館人事管理外，更注重觀光服務人員多語言的訓練。歐美日世界著名的餐旅館都有瑞士籍的專業管理人才經營。

觀光事業對瑞士的國際收支貢獻至大，所創造的就業機會更是不可忽視，不過一般而言旅館業除了經營人才是瑞士人外，其餘低薪的工作人員幾乎全是外籍勞動者。瑞士觀光事業的發達在於旅館業及交通業經營管理人才能夠有效的提供優質的服務，善於宣傳觀光據點，吸引全球的顧客，就算瑞士的生活費用，特別是旅館費用昂貴，也嚇不跑遊客。瑞士精緻產品也靠著全球觀光客的荷包而暢銷，尤其是瑞士的手錶特別受到遊客的青睞。在十九世紀只有聞人、王公貴族才付得起豪華如官邸的旅館，如琉森的瑞士宮殿旅館 (Hotel Schweizerhof)、洛桑附近烏稀 (Ouchy) 的標緻湖邊旅館 (Le Beau-Rivage)。二十世

後，特別是戰後美國富豪影星大舉前來瑞士度假或置產。觀光事業最
受景氣的影響，特別是戰亂，絕對是觀光業的剋星，難怪瑞士愛好和
平。隨著東亞經濟的發展，以日本為主的東亞旅遊者到歐洲觀光的也
愈來愈多，瑞士自然是這些東亞新興一代旅客不會錯過的造訪國家。

五、銀行、金融暨保險業

瑞士在宗教改革後，解決了利率的神學難題，喀爾文進行宗教改
革將高利貸與投資的利率分隔清楚，認為投資者借貸從事經濟活動才
能賺取財富，因此投資者應付利息給予貸款者，並不與基督新教教義
有所衝突，使得十八世紀日內瓦與蘇黎世的銀行快速發展。

瑞士的銀行家借錢給歐洲的王公貴族，其中最有名的顧客是法國
國王，對於法國太陽王路易十四於 1685 年撤銷〈南特敕令〉後，日內
瓦基督新教銀行家多少透過金銀貸款關係，使得法國國王還不至於將
法國的基督新教教堂全部拆毀。到了路易十六，日內瓦出生的銀行家
內克爾 (Jacques Necker, 1732～1804) 於 1777 年至 1781 年以及 1788
年到 1789 年法國大革命前夕，曾兩度出任法國國王的財政大臣。

拜瑞士人民的高儲蓄之賜，特別是物價穩定，這當然與聯邦政府
的財政政策有關，何況瑞士政府很早就採行自由匯兌，因此深受外國
富豪的青睞。瑞士法郎一直是歐洲諸國中保值最成功的貨幣，今日瑞
士使用的硬幣還是與 1874 年的一模一樣。一百多年來，僅在 1936 年
貶值一次，而後與美元的匯率一直有利於瑞士，在 1960 年代 1 塊美元
約等於 4.2 瑞士法郎，到 2002 年美元只剩下 1.6 瑞士法郎。瑞士幣值
的超穩定給予銀行享有保值的盛譽。

事實上，外國資金湧入瑞士也不是今日才有的，早在舊體制時代，
法國基督新教徒為了逃避宗教的迫害，就將資金轉移到日內瓦。後來，
法國大革命後雖然不再迫害新教徒，在巴黎的基督新教徒的銀行仍都
與瑞士日內瓦的銀行界保持緊密的關係。二十世紀初法國政府對於富
豪的資金課高稅，很自然的有了移民潮，瑞士銀行適時的提供保障資

產的服務。許多日內瓦銀行如 Lombard-Odier, Pictet, Hentsch, Ferrier-Lullin, Mirabaud, Darier, Bordier 等主要的業務是經營管理外國富豪的大資產。瑞士三家最大的銀行：瑞士信用 (Crédit suisse)、瑞士銀行公司 (Société de banque suisse) 及瑞士銀行聯盟 (Union de banques suisses) 都是在兼併中壯大。

蘇黎世因為其產業、商業、金融銀行及證券交易中心，成了瑞士最繁榮的大都會，日內瓦及巴塞爾無法與之比擬。

與瑞士銀行業務一樣聞名的是瑞士金融財務的經營管理，日內瓦的銀行，比不上蘇黎世的金融及股票證券市場業務的發展，透過證券交易所，瑞士不僅收取外匯匯率差額、證券的交易佣金、管理金融的利潤、控股公司及世界有名的運輸公司的服務費等等，都是瑞士的金融主要收入，對於瑞士的國際收支非常有利。

除了銀行業務發達外，瑞士的再保險舉世聞名。一般而言，瑞士國民約將 15% 的所得用於購置人壽保險、退休金，所以瑞士的保險金累積相當龐大的金額，常用於投資全世界的股票市場或是蒐購美國等先進國家的高利率國債。90% 以上的再保險金得自世界各國，包括中國與印度人口眾多國家的再保險。

瑞士保險業務的發展與在十七、十八世紀集中於巴塞爾的世界名數學家貝努理家族及歐以勒息息相關，他們在統計或然率上的成就，對於保險實務的擴大起了積極的作用。可是瑞士的人口少，市場規模有限，如果無法擴大保險市場到世界各地，就算有高超的數學家也難有作為。然而瑞士的奇蹟確實發生了，透過保險事業，瑞士與世界各地的金融機構接軌。今日瑞士的保險重鎮雖然在蘇黎世，不過巴塞爾、日內瓦、洛桑、琉森也不可忽視。除了人壽保險主要是靠瑞士本國市場外，其餘的都與全球各地分不開，像運輸保險、火災險主要是靠世界各地的投保。瑞士的再保險可說在全世界舉足輕重。世界各國之所以願意在瑞士投保當然與其金融銀行體系的健全有關，何況數世紀來沒有大戰亂，國家穩定，貨幣保值，人民勤勞，企業善於投資，生產

器材俱全,瑞士整體經濟繁榮,給予投保者必要的信心、安心,再保險業自然發達。

第三節　瑞士銀行與洗錢醜聞

　　瑞士的金融銀行保險舉世聞名❺,其貨幣制度的穩定更是為世人所稱道,加上 1934 年立法通過採行銀行祕密帳號❻以來,成了世界富豪的最愛。由於物價穩定,資金豐沛,瑞士銀行的利息一直可說是全世界最低的,但是為什麼還能吸引眾多財富往瑞士存放?據估計瑞士銀行每年操作的數目高達一萬兩千億瑞士法郎。並不是所有的資金都是合法的,有一種說法是瑞士吸進世界黑道贓物或是獨裁者的不法財物。日內瓦大學社會學教授也是日內瓦邦郡選出的瑞士聯邦國會議員吉格勒曾在 1976 年出版《一個無可猜疑的瑞士》(*Une Suisse au-dessus de tout soupçon*) 及 1990 年又在巴黎出版了《瑞士漂洗得更白》(*La Suisse lave plus blanc*),揭發瑞士銀行及瑞士司法當局為了不義之財,方便第三世界獨裁者及國際毒品梟雄的漂白洗錢的醜聞,為此瑞士銀行界及愛國人士抹黑吉格勒教授,放言吉格勒教授罹患「心理不穩病態」,並凸顯其個人的爭議性,以降低其可信度。瑞士銀行金融本來採取不回應的手法,可是過了一年,乃開始反擊,1977 年日內瓦產業界聯盟的《職業秩序》(*L'Ordre professional*) 雜誌總編輯拉瑟爾 (Victor Lasserre) 出版《一個無法猜疑的瑞士》(*Une Suisse insoupconnee*) 及格盧納、夏勤爾、克萊納魏爾費爾斯三位教授聯合執筆的《教授回覆吉格勒》(*Des professeurs repondent à Jean Ziegler*)。吉格勒教授此種

指控當然損及瑞士金融銀行界的形象，會影響到整體瑞士的利益，因此反擊吉格勒教授的動作也就不足為怪。

吉格勒教授勇氣十足，三十幾年來，不畏權勢，勤於著書揭發第三世界貪婪的獨裁者，如菲律賓的馬可士、海地的杜巴利葉及薩伊的莫布杜，以及西方，特別是其祖國瑞士透過金融銀行對毒品洗錢或是給予貪污者合法的保障，赤裸裸的剝削落後第三世界的勾當公諸於世。

事實上，瑞士在第二次世界大戰幾乎是納粹幫兇的醜聞已經攤開來，對於瑞士的形象實是一大打擊，為了終止媒體的糾纏，1997 年 3 月 5 日當年的瑞士總統寇拉 (Arnold Koller) 宣布將成立一個七十億瑞士法郎（換算成當年的匯率約值五十億美元）的「瑞士連帶團結基金」(Fondation suisse pour la solidarité)，以其每年孳息三億五千萬瑞士法郎來算，以補償大戰時的犧牲者。當然寇拉總統與瑞士金融銀行大亨的目的就是要盡早結束此一殺傷力太厲害的醜聞。不過瑞士三大銀行（瑞士銀行聯盟，成立於 1856 年的瑞士信用銀行及瑞士銀行協會）大亨最擔心的倒不一定是他們的形象，而是利益的考量，因為紐約、紐澤西等鄰近幾州政治人物對於瑞士想盡辦法拖延，不承認當年瑞士金融銀行的惡行，非常無奈，考慮採行制裁措施，阻止瑞士銀行在該等州進行股市投資等營業事宜，這對於瑞士金融銀行每年在美國數千億美元的交易的威脅打擊非同小可，所以瑞士考量到利害關係，不敢再敷衍了事。

第四節　瑞士的全民國防

馬基維利 (Niccolo Machiavelli, 1469～1527) 這位《君王論》作者是義大利名政治哲學家，對於瑞士曾有這樣的描述：「瑞士人既武裝又自由」。五個多世紀以來，瑞士如馬基維利所記述的，其民主自由體制是靠武裝維護下來的，然而武裝的瑞士，卻不是依賴高科技的先進武器，而是靠隨時可以動員的民兵。可是談及瑞士中立，很少人會聯想

到軍隊。「瑞士沒有軍隊，瑞士本身就是軍隊」(Switzerland does not have an army, Switzerland is an army)，麥克飛 (McPhee) 在其《瑞士協和廣場》(*La Place de la Concorde Suisse*) 原著外套封底如此標示著。這種全國皆兵的武裝中立，並不妨礙和平時期的經濟活動，觀光事業發達的瑞士，旅客不一定經常可遇見穿制服的瑞士軍人。

濟格飛認為瑞士軍隊無法對抗國家，因為指揮軍隊及管理國家機關幾乎是同樣的政治人物。事實上瑞士軍隊是個世界少有的體制，和平時期，全國男性二十到四十二歲都要服兵役❼，女性例外。但是現在瑞士女性也可以申請當職業軍人。每年任何行業，不管是農夫、工人或是大企業的總裁、某個邦郡的議員，一律都要接受幾個星期的軍事訓練。瑞士兵役制度規定每個役男需入伍服三百日的兵役，包含十五個星期的基本訓練。之後每年又得受十九天或是每隔一年受三個星期的操練。在接受基本訓練時，成績優越的，將在翌年接受下級軍官的訓練。之後，成績特別優越的可以繼續受軍官訓練，而高升為尉級、校級的指揮官。就算在國外服務的民兵 (civil militia)，也要返國接受三個星期的服役。

瑞士的職業軍人教官為數不多，僅六百多名而已❽，但瑞士在開戰四十八小時內可動員的全國兵力達三十五萬名。正規軍則維持在二萬五千到三萬名，軍官人數僅一兩千人，但是民兵軍官為數卻將近五萬名。瑞士只有在戰時，才由聯邦國會選任一位將軍統帥軍隊，從 1847 年內戰到第二次世界大戰，瑞士僅有四位將軍，第一位即結束內戰的杜福將軍，第二位是普法戰爭時的賀爾卓將軍 (Hans Herzog)，第三位是第一次世界大戰

❼從五十二歲降低到四十二歲。

❽濟格飛則認為其中兩百名是士官，不管是軍官或是士官，基本上不是帶隊的指揮官，而是訓練民兵的教官。

190

的威勒將軍，第四位是第二次世界大戰時的基桑將軍。

民兵因材施教，擔任的職位也不同，企業經理人員受軍官位階的訓練，受訓期間也比普通士兵長，升到上尉級時要多加一年半的特訓。此種軍官訓練有助於他們在企業的升遷。服兵役的瑞士人在家都有一整套自我保管的武器裝備：懸掛在牆上的槍枝、鋼盔、睡袋、子彈匣、行軍鞋及軍服。如今槍枝更換成衝擊自動武器，每位民兵都要負責武器的維護整備。每年收到召集令時，民兵都要全副武裝接受定期的訓練，有時要受長遠的徒步行軍訓練。

對多數的瑞士人來說，軍隊是國家神聖不可褻瀆的聖像，中立與軍隊可說是一體之兩面，國家認同的要素，透過服兵役這個機制，瑞士公民鞏固國家的認同感。至少從 1815 年維也納會議瑞士中立被列強確立後，迄今一直信守此一中立原則。

瑞士的軍隊在中世紀就聞名於歐洲大陸，驍勇善戰，因此是君王爭相募集的傭兵對象。1798 年拿破崙征服瑞士，舊邦聯解體，1815 年維也納會議確立瑞士為永久中立國後，瑞士還沒有正規軍隊，因為直到 1848 年《聯邦憲法》確立後，瑞士才成為名副其實的聯邦國家，之前的軍隊是各邦郡派遣兩位代表組成的會議討論後，確定防衛瑞士的軍隊，而真正派上用場則得等到 1847 年的「分離同盟」內戰，紅底白十字旗才第一次出現在戰場，翌年成為瑞士的國旗。

瑞士軍隊受德國普魯士的影響很大，從 1860～1870 年代幾乎是模仿德軍，難怪在第一次世界大戰時瑞士德語族群咸認為德軍會贏得戰爭。

而今蘇聯已經解體，冷戰結束，瑞士還保持龐大民兵的訓練，有些瑞士人開始批判。1982 年一百多位連署創立「為一個無軍隊瑞士的團體」(Gruppe fuer eine Schweiz ohne Armee)，十五年後成為擁有三萬多位會員的運動團體，1989 年簽署舉行廢除軍隊的公民投票，雖然還是無法通過，不過竟然有 35.6% 的瑞士公民認為應該予以廢除，軍隊再也無法像以前維持那麼神聖不可侵犯的聖像。

依據學者的估計，在十五到十八世紀之間瑞士大約
提供二百萬名士兵、七萬名軍官及七百名將軍的傭兵。
1859 年後，瑞士聯邦政府正式禁止瑞士公民當外國傭
兵。

第五節　瑞士的人道救援

一、紅十字會

日內瓦是十六世紀歐洲宗教改革的重鎮，今日不少
歐洲國際組織也集中在日內瓦 ❾，其中最為昭著的是
「紅十字會國際委員會」(Comité International de la
Croix-Rouge, CICR)。到 1997 年紅十字會已經遍布全
球，共有一百七十五個各國分會，其中有一百四十五個
分會用紅十字標誌著會旗，另外三十個國家（大部分是

❾聯合國的附屬機構或是國際特殊組織集中在日內瓦的有：聯合國歐洲經濟委員會、國際鴉片永久中央委員會、聯合國難民最高總署、國際勞工組織、國際衛生組織、國際氣象組織、國際電訊交通聯盟、國際貿易組織、歐洲原子能研究組織、國際教育局、國際救援聯盟。至於在日內瓦召開的國際會議更是不勝枚舉，幾乎每個星期都有各式各樣的國際會議在此舉行。其觀光收入及所創造的就業機會相當可觀。

圖 40：位於日內瓦的國際紅十字會總部

圖 41：國際紅十字會
創辦人杜南

伊斯蘭教國家）的分會則用紅月彎為旗幟。

　　紅十字會由日內瓦人杜南❿創立，不過如果沒有莫阿尼葉 (Gustave Moynier, 1826～1910) 的推廣建構發揚光大，紅十字會的影響力恐怕相當有限。紅十字會的成就擴大了國際公法的領域，可說是今日國際人道公法的先驅，在戰爭期間為了保護戰犯及犧牲者的人道權益，國際強權簽署了〈日內瓦公約〉(*Conventions de Genève*)。透過國際公法的運作，現在不僅在戰時或是平時碰到天災地亂，紅十字會都能發揮人道的影響力，減少人類的痛苦災禍。在戰爭期間維持中立，獨立無私的運作贏得交戰國的信任。

　　杜南歸化為法國人後，為了尋找機會晉見拿破崙三世 (Napoléon III)，冀望法國皇帝能夠給予他的蒙斯・偕迷拉水車磨坊有限公司 (Société anonyme des moulins de Mons-Djemila) 在非洲阿爾及利亞開發的專利，特地趕到法、薩軍隊與奧地利軍隊在義大利北部離瑞士南部

❿其母卡拉朵 (Colladon) 是法國貝瑞地區的基督新教貴族後裔。杜南本人則於 1859 年歸化入法國籍，是個相當有宏觀視野的人士，卻不善於經營產業，其私人的日內瓦信用銀行於 1867 年宣告破產，被告欺騙合夥人，因怕紅十字會國際委員會受到連累，莫阿尼葉乃迫杜南辭去國際委員會的祕書職。

不遠的索菲里諾 (Solférino) 戰場求見拿破崙三世，晉見無果，卻目睹戰亂死傷患者的恐怖實相，影響了他如何救援傷患者的構想。自義大利戰場返回後，杜南將他在 1859 年 6 月 24 日目睹戰爭恐怖的景象，自費於 1862 年 11 月印製一千六百本他所撰述的《索菲里諾的回想》(*Un souvenir de Solférino*)，包含索菲里諾戰場的附近的地圖，分送給親友，其中還包括歐洲的當政者、將軍、慈善家及軍醫等各界名流。1862年 12 月又印發一千本，翌年 2 月又以普及本印發三千本。如今《索菲里諾的回想》已有德文、英文、西班牙文、義大利文、俄文及瑞典文的翻譯。

對索菲里諾戰場的描述遠不及杜南感受到戰爭的殘酷無情、被堆積在臨時醫院的傷患所受的災難，特別是他曾去救援過的卡斯迪里奧尼 (Castiglione) 古老教堂 (Chiesa Maggiore) 來得生動，將傷患丟棄或是因衛生人員及器材的不足，使得傷患蒙受更多無端的痛楚。杜南無視國籍急救受難的傷患，包紮傷口，發揮了四海之內皆兄弟 (tutti fratelli) 的博愛精神。在書中他呼籲各國人士在各地成立志工救助團隊，協助救護傷患，並呼籲在戰後各國軍事領袖聚會，起草協助救急團隊能夠發揮功能的國際公約。

杜南的呼籲有了廣大的反響，連拿破崙第三及荷蘭的女王都深深體會杜南的用意，倒是當年在克里米亞救護過無數傷患的英國南丁格爾 (Florence Nightingale) 卻唱反調，認為救護隊應該由國家來處理。連統帥瑞士聯邦軍於 1847 年結束內戰擊垮「分離聯盟」保守邦郡的杜福將軍，雖然贊同杜南的理想，但也覺得不切實際。雖然有負面的見解，但是杜南卻得到拿破崙三世的支援，也受到當時公益事業公司總裁 (Société d'utilité publique) 莫阿尼葉的積極支持。1863 年 1 月 28 日在該公司支援下成立莫阿尼葉、杜南、杜福爾、阿琶亞醫師及毛諾醫師的五人小組 (commission)。1863 年 2 月 17 日成立「國際永久委員會」(Comité International Permanent)⓫ 並選杜福將軍為主席，就這樣紅十字會誕生了，位在日內瓦一幢古雅建築物中的總部 (19, avenue de la Paix,

CH–1202 Genève) 依舊繼續發揮長達有一百四十年歷史的人道主義精神。

二、瑞士西藏村

1959 年 3 月 10 日，當達賴喇嘛及許多西藏人從中國逃亡的難民潮開始時，有部分西藏人逃到了歐洲。靠著紅十字會的幫助，瑞士政府收留這些西藏人，在瑞士東部的 Rikon 地區為他們規劃了一塊居住的地方。如今這塊地方，稱為 "Swiss Tibetan Community"，擁有約三千名西藏人口，自 1968 年以來，已是歐洲最大、最負盛名的西藏人社區。這些西藏人在瑞士相當活躍，他們多數人擁有瑞士公民權，並融入一般瑞士人的生活中，但他們仍不願放棄西藏文化傳統，特別是較年長的西藏人，對西藏傳統文化仍抱持著濃厚的感情。這個西藏團體在瑞士境內發行藏文報紙，並興辦西藏學校，對保存西藏文化不遺餘力，事實上，在利空 (Rikon) 的西藏村裡就有一座佛寺，擁有八位喇嘛。

第六節　瑞士極右派勢力崛起背景

第二次世界大戰後，歐洲各國每隔幾十年都有極右派排外的政黨崛起，瑞士雖然是個平和的國家，但是碰到景氣不振時，極右派就能夠整合社會不滿的人士，透過每四年的聯邦選舉或是人民連署的創議制度舉行公民投票限制外勞及移民。

外來移民最容易成為極右派的目標，1970 年由集中在蘇黎世工業地帶的極右派舒瓦曾巴赫 (James Schwarzenbach) 發動的人民創制簽署公投，限制外國人

❶即「傷兵救護國際委員會」(International Committee for the Relief of the Wounded)。

移民雖然沒有通過，但投票結果竟然有 45% 的選民支持極右派的排外
訴求，其實倒不一定都是仇視外國人，而是利用此一機會表達對一屋
難求、物價高漲以及嚴重的環境污染等的不滿。在投票前所觸發的辯
爭是二次大戰後最激烈的，民意異常分歧，聯邦政府更是擔心，限制
外勞會立即損及瑞士的經濟發展，像營建業或是旅館業等粗活完全靠
外勞負擔，瑞士的薪資也是如此，才得以慢慢增加，否則會引發通貨
膨脹，因此聯邦政府積極運作，宣傳排外的負面作用。雖然極右派沒
有得逞，可是翌年，1971 年 10 月 30、31 日舉行的聯邦大選，James
Schwarzenbach 的「共和暨社會行動全國運動」(Mouvement national
d'action républicaine et sociale)，有了斬獲，本來在聯邦下院僅有一席，
大選後又增加了六席，連同另一極右派的「民族行動」(Action nationale)
的四席，可以組成國會政團，雖然在下院二百席中，僅占十一席，不
過對平靜的瑞士，總是隱憂，因此政治評論家稱極右派的斬獲為「瑞
士的憂慮」(Le malaise helvétique)。

　　北歐斯堪地納維亞的瑞典、挪威、丹麥，社會福利制度相當發達，
因此這些國家的所得稅相對的比瑞士高，以 1970 年代為例，瑞士僅課
22% 的國民總生產，而瑞典則高達 41%。瑞士則因為各個邦郡，特別
是社群區的公民對於財稅的獨立自主性異常高，因此不輕易將攸關人
民的福祉權交付聯邦政府。各社群區都有獨自幫助貧困公民的社會津
貼。大部分瑞士人民的社會保險統籌向私人保險公司投保。迄今依然
如此，二十世紀初，瑞士才開始實施健康及福利保險，也漸漸的走向
歐洲聯盟會員國的社會安全制度，因此瑞士聯邦政府課徵的所得稅漸
漸上漲，當然比歐洲其他各國的稅率還低，到底不是每個社群區的經
濟條件都一樣良好，最後還是要中央政府統籌支援低收入，無法花費
所得向私人保險公司投保者。

第七節　歐洲整合中的瑞士及其前景

在西歐諸國中未加入歐洲聯盟的僅剩下冰島、挪威及瑞士。冰島從來就沒有申請加入歐洲聯盟，人口僅二十幾萬，孤立在北海，遠離歐洲大陸，但挪威則兩次透過公民投票（1972 年及 1994 年）否決加入。瑞士也一樣，公投婉拒加入歐洲聯盟。瑞士與挪威不太一樣，四周圍繞著歐洲聯盟的會員國法國、德國、奧地利及義大利，算是西歐的心臟地帶，到底如何演變尚難逆料，不過瑞士聯邦政府洞察世界局勢的走向，隨時都有可能再經過人民的創制或是聯邦政府的提議舉行公民投票加入歐洲聯盟，事實上瑞士也有從反對到加入聯合國的先例可循。

迄今歐洲聯盟沒有瑞士依然繼續深化與擴大整合，瑞士則在穩健中考量其利益時機，一旦歐洲聯盟氣勢磅礡，瑞士在孤立無助之下，沒有更多的選擇，遲早總得決定加入，或是協商找出一條可以讓瑞士永續發展的坦途來。一般擔心瑞士如果加入歐洲聯盟，會影響到瑞士特殊的聯邦體制運作，各個獨立自主的邦郡生怕無法像以前一樣與聯邦政府有效的溝通。尤其是瑞士的人民創制及公民投票的直接民主制恐怕會受到歐洲聯盟超國家體制的制約。也許各邦郡將被迫配合瑞士聯邦政府與其他歐洲聯盟會員國之間的協商,而失去主權在民的傳統。依據瑞士憲法，聯邦兩院國會通過的法律，如果在九十日內有足夠五萬公民的簽署，聯邦政府有義務舉行公民投票覆議裁決。有關憲法的改革或是國際條約的訂定，如加入歐洲聯盟，都一定要經由公民投票雙重票數，即瑞士全國過半數的公民及過半數的邦郡通過才算數。另外瑞士人民透過創制，只要有十萬公民簽署，可以要求聯邦政府舉行公民投票修改憲法。加入歐洲聯盟後，瑞士得遵守歐洲自 1950 年代迄今所制定的《歐洲共同體法》，因此瑞士公民對於加入任何國際組織還是相當保守謹慎，當然也有突破的發展，例如瑞士聯邦政府於 1969、

1971、1977 及 1981 年都向聯邦議會作成加入聯合國的報告，但是在 1986 年公投失敗，1993 年又提出永久中立與加入聯合國並無衝突的報告，2002 年瑞士終於公民投票通過加入聯合國。不過，在還沒有正式加入聯合國前，瑞士已經積極參與聯合國所屬的國際特殊組織，如國際勞工組織、國際文教科學組織、國際衛生組織、國際糧農組織、國際民航組織、國際氣象組織等等。

1990 年代歐洲經濟共同體急速進行整合，歐洲自由貿易協會會員國於 1991～1992 年與歐洲經濟共同體簽署歐洲經濟區域 (European Economic Area)，雖然瑞士聯邦政府及國會呼籲加入此一經濟實體，但是 1992 年 12 月 6 日瑞士舉行公民投票，結果反對占多數，瑞士迄今依然自我孤立在外。這次公投明顯的有了像第一次世界大戰時，德、法裔瑞士兩大族群的對立，法語雷蒙瑞士 80% 的六個邦郡絕大多數贊同加入歐洲經濟區域，但是德裔邦郡卻也有高達 74% 投反對票，德裔僅有兩個邦郡與法語邦郡一致，全國有十六邦郡及 50.3% 的公民拒絕歐洲的經濟整合運動。

瑞士人覺得歐洲其他國家的政治體制太過中央集權，歐洲整合不是從下往上進行，而是從上面壓下來的政治經濟運動，因此瑞士人民一直擔憂，如果加入歐洲聯盟，瑞士恐將無法保有引以為傲的直接民主體制。但是瑞士聯邦政府與國會議員體會到事態嚴重，如果不加緊與其他歐洲國家同步進行經濟整合，對瑞士將來的發展會有隱憂，乃向全國人民提議盡早加入歐洲經濟整合。如今，民意僅考量到瑞士短期的利益，然而，客觀的形勢比人強，在整個歐洲和平經濟繁榮大環境下，瑞士或許可以維持阿爾卑斯山牧歌寧靜的形象，難道瑞士人真的無其他隱憂嗎？1965 年瑞士的名文化人士德胡之蒙在其《瑞士或一個幸福人民的歷史》整本書固然一再提到瑞士人確實夠幸福，不過他也不忘提及瑞士人的隱憂。根據他的觀察有三個憂慮：

富有者的憂慮：是否能夠繼續保有繁榮富裕？瑞士如何才能維持富裕？

　　愛國者的憂慮：舉世在科技官僚主導下，市場愈來愈整合擴大，歐洲共同體的形成，瑞士人的自由傳統是否會因此而受到限制？瑞士小國還有生存的空間嗎？

　　道德層次的憂慮：為了維護繁榮與和平，瑞士犧牲原則，甚至喪失靈性？

　　有遠憂，人民才有奮鬥的方向，經過數世紀的奮鬥，瑞士人民才擁有今日的成就，一步一腳印，舉國人民勤奮踏實地建設世外桃源，政治人物與人民交融為一體，為產業的振興，國家的發展，社稷的安寧堅持努力奮鬥，才有今日繁榮的瑞士。二十一世紀的瑞士是否能夠再孤立於世？難怪伯恩大學的林德教授在他的第二版《瑞士民主》語重心長的下結論：「瑞士的將來將比過去一段長時間較不確定，政治妥協也較不容易達成。」不愧是有識者的高瞻遠慮。

　　瑞士今天能成為一流的和平中立國，世人豔羨的「香格里拉」，世外桃源當然不是一蹴而幾。回想東方的日本能在明治維新改革成功，吸取西方之長，保持日本傳統的文化，在各種層面使日本由幕府的鎖國政策下，脫胎換骨，躋登強國之林，也不是偶然的。美國立國初期，華盛頓、傑弗遜、富蘭克林等領導全民，眾志成城，終於脫離英國的統治獨立建國，今天已成為後來居上的超強民主國家，在在值得吾人借鏡。一百年、二百年在宇宙長流中彈指而過，可是舉國上下的努力，卻能使一個新的國家誕生，這豈不是值得國人借鏡？德意志聯邦在歐洲的國家中原本也無足輕重，1861年普魯士王威廉一世即帝位，重用俾斯麥，加上名臣羅翁、名將毛奇等人輔弼，漸成強國。但是第一次大戰、第二次大戰德人發動戰爭，又幾乎在窮兵黷武中趨於滅亡。日本在二次大戰陸軍大將東條英機掌權後也是展開「大東亞共榮圈」的征服美夢，結果也付出慘痛的代價。如今二十一世紀，在共產極權政治體制，相繼崩潰解體之後，尚有中國、北韓、古巴諸國尚在進行困獸之鬥，在未來的國際政治舞臺，獨裁國家的統治還能適用於人類並給人類帶來福祉嗎？瑞士的崛起與建國，在這個意義上永遠可以提供

⑫本段由曹永洋
老師義助代筆。

大家深深的思考和啟示⑫。

瑞士的直接民主體制，如前所述，是建立在邦郡獨立自主與人民的創制及公投複決的機制上，但是聯邦政府的權力隨著政府部門的業務發展，官僚體系也愈來愈龐大，特別是集中在伯恩市的聯邦政府官僚，在高層事務官的交叉重疊，層次愈來愈細分下，國家本身成了獨立運作的機器，官僚為了自身的利益，也將之複雜化，失去服務的對象，自我界定為自己服務的對象。不過這不是瑞士特有的現象，而是現代國家普遍的現象。

1948 年法國的政治學者也是有名的地理學家濟格飛出版了《瑞士：民主的見證》，對這個阿爾卑斯山脈的繁榮工業先進的民主小國讚賞有加：族群文化語文既多元多種卻又能和諧發展，既享有自由又能守紀律維持秩序，既維護歷史傳統又不阻礙國家進步，保持中立又不放棄以軍事實力捍衛國家，結論是瑞士這一美妙均衡的獨特性發展世上罕見。不過，誠如濟格飛所言：「瑞士民主是瑞士的，其無可爭辯的成功得自一種無法轉移到他處的心理狀態。」

他在該書的結論一再強調，瑞士給予世人一個啟示：只要意識到結合起來的共同基本利益遠比分離的差異還重要的話，不同的族群不僅可以共營共生，並可以共享繁榮。瑞士人民七個多世紀以來，都能夠避免本能上的紛爭，積極追求解決問題的良方。不像法國人為了原則，爭得你死我活，瑞士人很務實，不爭論抽象、不切實際的大原則，而會像一個企業董事會達成有實際效應的共識。由於瑞士人講究生活現實面，所以人民樂見社會組織井然有序，對於上下階層倫理各守其分，尊重法規，有潔癖，和藹有禮。他們認為政治的目的是維護

人民的社會福利，而無意徒費氣力爭論原則，不過法國人爭的是普世大原則，雖然不拘小節，卻因而影響世界文明至為深遠。

　　西歐族群祥和共處與民主體制深化有其不可分割性。以比利時為例，佛拉芒人 (Flamands) 及瓦隆人 (Wallons) 兩大族群有時在大選期間在某特定族群政客煽動下引發族群間的緊張情勢，今後如果「歐洲聯盟」進一步整合，各國政體在歐洲議會民主體制運作下，極可能會對目前的比利時聯邦體制有良性的衝擊；Flandres 及 Wallonie 兩地區語言不同的族群就不易為政客所左右。今後比利時的政治取向肯定會提升到歐洲層次，那麼族群在大選期間的緊張情況自然會漸漸淡化。事實上，平時比利時人民在日常起居生活上並無鮮明的族群敵意仇視。

　　族群和諧與否跟經濟發展關係密不可分；居於少數的強勢族群如果掌握，甚至壟斷著全國的政治、經濟與社會資源，而置大多數的族群於不利的劣勢下，則少數族群為了保有優勢或是特權，很自然地傾向於維護反民主的政治、經濟體制。反之，要是經濟繁榮，生活水平高，居於絕大多數的族群較易接受民主政治的改革，對弱勢族群也會刻意照拂。當然弱勢族群在社會福祉進步及經濟高水準的國家如瑞士、瑞典，不是融合，就是與絕大多數的族群打成一片，共同生活在一起，族群通婚，透過政治的運作設計，族群間的文化交流很自然會塑造成新的共同營生的新國民意識。

　　多族群但是自然資源貧瘠的瑞士，只有團結通力協作才能克服困難，經過數世紀的營造共識，瑞士總算不至於面對分解的危機。也唯有經濟發展與社會福祉的平衡，瑞士的直接民主體制得以永續確立。

　　瑞士的聯邦體制、直接民主及公民投票制與創制，這種介於直接與間接民主體制也充分的反映在語言政策上。實際上，瑞士三層次政治體制（聯邦、邦郡、社群區）並無一套語言政策，而是透過數世紀歷史演進，才「約定成俗」形成各種語言法規，其中最重要的當然是《瑞士聯邦憲法》(1848) 所制定或是修正 (1874, 1938, 1996, 1999) 確立的「國家語言」及「官方語文」。這種劃分有其法律上的直接意涵。人

民與官方（特別是與聯邦政府）聯繫時，有其實際的意義。如果瑞士人所使用的母語成了「官方語文」，則可以用自己的母語書寫，政府得用該官方語文回覆。人民使用語言雖有憲法的保障，不過最重要的還是人民能夠容忍尊重文化語言傳統，此種瑞士人民相互間尊重不同文化語言的和平，稱得上是真正的 Pax Helvetica ⓭。

瑞士一直沒跟其他國家簽署軍事聯盟，在第一、第二次世界大戰也能戒慎避免介入戰端。瑞士的族群既然主要是由德、法、義三大民族後裔所組成，照道理應該會引發出像目前臺灣的國家認同危機。可是從十九世紀以來，瑞士的國力不僅蒸蒸日上，還賴其政治聯邦體制的靈活運用，因此從來也不曾發生過國家認同的政治社會危機 ⓮。總而言之，政治人物及一般人民都能透過高度的邦郡（地方與區域）自治，獲取生活基本權益的保障，又加上經濟發達；金融銀行業務數世紀來得到王公貴族的信賴，精密科技製造業（鐘錶、製藥、化學、機械）無遠弗屆，暢銷到世界各國，瑞士生活水準（平均國民所得高，稅率又低）遠高於其各同族群的鄰國，因此護土的決心，自然而然地孕育在每個瑞士國民內心。此外全國皆兵，年輕人定期接受嚴格的軍事訓練，受過訓練的成年人都小心翼翼地保管自己的隨身武器。

瑞士以其秀麗的湖光山色聞名於世，國土雖小，又被法德義奧四強圍繞，可是人民有強烈的國家認同，誓死捍衛國家。它位居西歐重要戰略地帶，卻能確保其永久中立國的國際地位。雖然多黨林立卻能夠維持政治安定，成為社會祥和的先進國家。無重要的自然資源，但擁有產業高超的巧工藝匠、科技尖兵，及眾多守紀律的現代化公民。它的名貴鐘錶、精細機械、藥劑化學、重

⓭通常使用拉丁文和平 (pax)，大致上都是貶義居多，如 Pax Romana, Pax Britannica, Pax Americana 指的都是霸權國家用軍事實力取得主導國際事務的世界穩定秩序。而瑞士剛好相反，是以人民相互間的容忍及尊重達成和平秩序。

⓮法國名地理學者濟格飛於戰後寫了一部名著《瑞士：民主的見證》，對這一獨一無二的民主國家諸多讚揚之餘，認為可意會不可學，其獨特性遠大於普遍性。

工機械、電子電機、發電機、食品產業享有極高的聲譽，執世界黃金市場牛耳，其保險業特別是再保險也舉世聞名，金融銀行及觀光服務業在短期內沒有幾個國家可以取而代之。乳酪精細產品及巧克力糖銷售到世界各個角落。

在其他方面，瑞士也有傲人的成就，如名教育改革家裴斯達洛齊及紅十字會創始者杜南象徵著瑞士對教育的貢獻以及發揮博愛的精神；伯恩小說家戈特赫爾夫 (Jeremias Gotthelf)，蘇黎世作家凱勒 (Gottfried Keller) 受到俄國讀者的喜愛，透過文藝作品散發對自由的憧憬；沃邦郡出身的瑞士法裔作家拉繆 (C.-F. Ramuz)，生於巴塞爾市諾貝爾文學獎詩人史比德勒 (Carl Spitteler)，和另外一位諾貝爾文學獎得主赫塞 (Hermann Hesse) 是自德國歸化為瑞士蘇黎世人，都是二十世紀的著名文人；畫家霍德勒 (Ferdinand Hodler)，克萊 (Paul Klee)，賈科梅第 (Alberto Giacometti)，建築家柯比意 (Le Corbusier)，音樂家布羅赫，雷尼格 (Arthur Honegger)，歷史學家布克哈特 (Jacob Burckhardt)，心理學家榮格 (Carl-Gustav Jung)，教育心理家皮亞傑 (Jean Piaget) 以及為數眾多的醫學、物理、化學、和平等諾貝爾獎得主。

臺灣固然無法與瑞士比擬，但是卻擁有許多開發中國家在短期內無法追趕的重要條件：衝勁十足、冒險精神高昂的中小企業創業家 (俗稱臺商) 及能與世界同步的開放政治經濟體系，在瞬息萬變的全球化經濟中，臺灣找到活力立足點：四海之內都是臺商的市場。

期盼有朝一日，我們也能弭除族群歧見、政治紛爭，認同這塊土地，以臺灣的利益前景為優先考量，齊心捍衛臺灣的民主自由，使這個篳路藍縷走來不易的新興民主國家能早日躋上國際舞臺，建設一個東方的瑞士。

Switzerland

附　錄

大事年表

西元前

450	賀維夏族（即塞爾特族之一支）移居今日瑞士。
197～194	羅馬人擊敗音思布盧族（即塞爾特族另一支）。
58～400 A.D.	瑞士進入羅馬帝國時代。
58	受到阿拉曼族的威脅，賀維夏族被迫西移，於畢布拉克特（今法國奧丹市附近）被凱撒打敗，臣服羅馬帝國，不再移動。
16/15	奧古斯特討伐雷特雅族，羅馬帝國統治全瑞士疆土。

西元

73/74	在阿旺煦建羅馬式城鎮。
259/260	日耳曼阿勒曼族諸部落開始入侵瑞士。
300 左右	在萊茵河沿岸建設多處的城堡要寨。
379	主教區設立於日內瓦。
401	羅馬軍團撤回義大利，日耳曼部族入侵現今瑞士東北部。
443	日耳曼勃艮第人占駐瑞士西部。
476	日耳曼勃艮第王國誕生。
500 左右	日耳曼阿勒曼族沿著萊茵河開始南下移居瑞士。
534	日耳曼勃艮第王國臣服於法蘭克王國。
843	〈威爾當條約〉簽訂。
1032	在中世紀大部分瑞士納入神聖羅馬帝國。
十三世紀初	神聖羅馬帝國式微，瑞士分別由四大王朝柴林根、

		薩瓦、基堡、哈布斯堡統治。
1291		烏里、舒維茲及下瓦爾登三邦郡聯合抵抗外來侵犯者。每邦郡派一名代表於 8 月 1 日在葛呂特里宣誓結盟，開始使用邦聯（Eidgenossenschaft 即 Confederation）字眼。
1315	11 月 15 日	莫爾加騰戰役。
	12 月 9 日	〈布魯能公約〉簽訂。
1332		琉森加入瑞士同盟。
1351		蘇黎世加入瑞士同盟。
1352		格拉盧斯、祖克加入瑞士同盟。
1353		伯恩加入瑞士同盟，八邦郡同盟。
1386	7 月 9 日	森巴赫之戰。
1388	4 月 9 日	內飛爾斯之戰。
1414		臘隆戰爭。
1476～1477		對勃艮第戰爭勝利。
1393	7 月 10 日	〈森巴赫協定〉。
1443	7 月 22 日	蘇黎世戰爭。
1460		在巴塞爾創立瑞士第一所大學。
1474	6 月 11 日	哈布斯堡家族承認誓約同盟，瑞士不再受哈布斯堡家族控制。
1481	12 月 22 日	〈斯坦斯協定〉；佛立堡及索羅頓加入瑞士同盟。
1499	9 月 22 日	瑞士脫離神聖羅馬帝國。
1500		文藝復興年代。
1501		巴塞爾及夏佛豪森加入瑞士同盟。
1513		阿本澤爾加入瑞士同盟。
1515	9 月 13～14 日	馬麗釀諾之役，瑞士軍戰敗，自此而後，瑞士放棄擴張主義，宣布採行中立政策。
1517		馬丁路德反對贖罪券。

1519		蘇黎世開始進行宗教改革。
1529	6 月 24 日	第一次卡佩爾戰爭；第一次〈卡佩爾合約〉。
1531	10 月 31 日	第二次卡佩爾戰爭；茲文里戰死。
1532		法國宗教改革家法雷爾抵達日內瓦。
1534		喀爾文到巴塞爾。
1536		薩瓦失去沃邦郡及日內瓦。
1541		喀爾文在日內瓦定居。
1553		塞維圖斯被喀爾文視為異端處死。
1559		喀爾文在日內瓦創立學術院。
1570		朱迪出版《瑞士年代記》。
1597		阿本澤爾邦郡分成內、外兩半邦郡。
1598		法王亨利四世頒布〈南特敕令〉：對新教徒信仰寬容。
1601		日內瓦成立鐘錶同行業公會。
1609～1610		巴塞爾發生鼠疫。
1610		法王亨利第四被暗殺。
1615		日內瓦發生鼠疫。
1638		瑞士邦聯議會宣布中立。
1647		〈威爾協定〉；1 月 8 日西伐里亞會議承認瑞士誓約同盟。
1648		〈西伐里亞條約〉承認瑞士是個主權獨立的國家（脫離神聖羅馬帝國）。
1653	1 月 6 日	琉森、伯恩農民戰爭。
1656	1 月 6 日～2 月 19 日	第一次維梅爾根戰爭（第二次宗教戰爭）。
1685		法王路易十四撤銷〈南特敕令〉。
1705		諾夏德鐘錶業蓬勃發展。
1707		普魯士國王兼諾夏德王公。
1712	7 月 20 日～	第二次維梅爾根戰爭及〈阿爾高和約〉。

	8 月 11 日	
1715		瑞士天主教邦郡與法王路易十四結盟。
1761		賀維夏俱樂部成立。
1762		盧梭出版《社會契約論》。
1792		法國國王的瑞士傭兵在巴黎杜依樂希宮被屠殺。
1797		瓦特立納加入「南阿爾卑斯共和國」。
1798		法軍侵入瑞士。舊瑞士邦聯體制崩潰。在法國主導下，4 月 12 日「瑞士共和國」宣布成立。
1799		拿破崙成為第一執政官至 1802 年。
1801		《馬爾梅宗憲法》5 月 29 日頒布。瑞士教育家裴斯達洛齊出版《葛爾圖魯特如何教她的孩子》。
1803	2 月 19 日	拿破崙〈調停法案〉的頒布。聖加崙、阿爾高、格勞賓登、圖爾高、堤奇諾、沃等六邦郡加入瑞士邦聯。
1804		拿破崙登基為法國皇帝。席勒《威廉特爾》戲劇上演。
1810		瓦雷成為法國的辛普倫省。史泰爾夫人出版《論德國》。
1812		瑞士聲明中立。
1813		奧地利、普魯士、俄羅斯軍隊入侵瑞士。多數的邦郡恢復舊體制。
	12 月 29 日	拿破崙〈調停法案〉廢除。
1815	8 月 7 日	瑞士二十二邦郡〈聯邦公約〉，誓約同盟的復活。日內瓦、瓦雷及諾夏德加入瑞士聯邦。
	11 月 20 日	「維也納會議」確立瑞士為永久中立國，歐洲列強保障瑞士的獨立聯邦體制。
1818		成立瑞士聯邦軍。
1819		希斯蒙地出版《政治經濟學新原理》。

1823	7 月 14 日	《新聞及外國人管理法》頒布。
1831	3 月	蘇黎世頒布新憲法。
	7 月	伯恩頒布新憲法。
1832	3 月 17 日	七邦郡簽署協定。
	11 月 16 日	〈撒爾能協定〉的簽署。
1834	1 月 1 日	德國關稅聯盟。
	1 月 20 日	〈巴登條約〉界定世俗權及天主教的關係。
1839	9 月 6 日	蘇黎世保守派叛亂。
1841～1843		阿爾高修道院爭端事件。
1844	12 月 8 日	引發取締耶穌會紛爭。
		琉森自由主義激進派叛亂後被鎮壓。
1845	2 月 6 日	自由主義急進派在蘇黎世取得勝利。
	2 月 24 日	舉行臨時同盟會議。（至 4 月 5 日）
	12 月 11 日	「分離同盟」成立。
1846	9 月 4 日	同盟會議提議解散「分離同盟」。
1847	5 月 2 日	聖加崙大選，自由主義激進派獲勝。
	7 月 20 日	同盟會議議決解散「分離同盟」。開始著手制定新憲法。
	11 月 3 日～ 11 月 29 日	瑞士內戰（「分離同盟」之戰）爆發。杜福將軍統帥聯邦軍擊潰「分離同盟」邦郡。蘇黎世一巴登鐵路通車。
1848	9 月 12 日	瑞士制定《聯邦憲法》。聯邦（中央）與邦郡間權限取得妥協。
	11 月 6 日	召開聯邦會議。
	12 月 28 日	確立聯邦定都於伯恩市。
1849	6 月 30 日	《聯邦關稅法》確立。
1850	4 月 26 日	瑞士貨幣統一。
1851	12 月 23 日	瑞士度量衡體制確立。

1852	7月8日	《鐵路法》頒布。
1856		諾夏德與普魯士紛爭。
1857	5月26日	〈巴黎條約〉承認諾夏德獨立。
1859	7月30日	禁止瑞士公民當外國傭兵。
1864		義務教育開始實施。巴塞爾喜巴製藥公司成立。
	8月22日	紅十字會在日內瓦成立「紅十字會國際委員會」。
1865		瑞士加入「拉丁貨幣同盟」。
1867		蘇黎世大學成立。
1872		開始建造穿越阿爾卑斯山脈鐵路（聖格達鐵路）。日內瓦大學成立。
1874		《聯邦憲法》修正。
1880		「瑞士勞動同盟」創立。
1882	11月26日	聖格達鐵路通行。
1886		巴塞爾三朵茲製藥公司成立。
1891		制定8月1日為瑞士國慶。巴登市布朗布維利機械公司成立。
1894		伯恩國家圖書館成立。巴塞爾侯夫曼拉羅氏製藥公司成立。
1901		紅十字會創立者杜南獲得諾貝爾和平獎。
1914	7月28日	奧地利向塞爾維亞宣戰。第一次世界大戰爆發。
	8月1日	瑞士總動員，保持中立。
	8月3日	威勒被任命為瑞士將軍，統帥瑞士軍隊。
	12月14日	史比德勒發表著名的「瑞士觀點」的演講。
1915	5月23日	義大利對奧地利宣戰。
1917	4月6日	美國向德國宣戰。
	4月9日	列寧離瑞士回俄羅斯。
	10月1日	實施麵包配給。
	10月15～	蘇黎世動亂。

	17 日	
	11 月 14 日	列寧革命成功，蘇維埃掌權。
1918	6 月 2 日	反對社會黨所提的有關聯邦直接稅創制公投。
	11 月	全國總罷工。
1919	1 月 18 日	在巴黎舉行和平會議。
	2 月 22 日	成立瑞士「社會基督勞動者聯合會」。日內瓦被選為「國際聯盟」的會址。
	5 月 11 日	奧地利阿爾柏州通過與瑞士聯邦結盟的人民公投。同日成立瑞士「自主工會聯盟」。
	6 月 22 日	每週工作四十八小時立法通過。
	6 月 28 日	簽署〈凡爾賽條約〉。
	11 月 11 ～ 21 日	瑞士國會上下兩院有關瑞士加入「國際聯盟」的辯論。
	11 月 30 日	瑞士「鐵路工人協會」成立。
1920	5 月 16 日	瑞士人民公民投票贊成加入「國際聯盟」。
	11 月 15 日	瑞士聯邦總統孟塔舉行「國際聯盟」第一屆大會揭幕典禮。
	11 月 17 日	瑞士國會上院反對奧地利阿爾柏加入瑞士聯邦。
1921	3 月 5～6 日	瑞士共產黨成立。
1922	2 月	瑞士約有九萬九千四百五十一名失業者，另有三萬五千名失業者。
	5 月 10 日	有關萊茵河水運的〈史特拉斯堡公約〉的達成。
	10 月 28 日	墨索里尼提名 Ferrata 瑞士法西斯的代表。
	12 月 3 日	瑞士社會黨提議課徵財產稅：公投沒通過。
1923	1 月 11 日	法比軍隊占據魯爾區。
	3 月 29 日	瑞士與列赫登斯坦成立關稅聯盟。
	11 月 9 日	希特勒政變失敗。
1924	2 月 17 日	公投拒絕每週工作時數的延長。

	9 月 20 日	瑞士與義大利簽署〈和解與仲裁條約〉。
	10 月 2 日	《日內瓦國際紛爭的和平解決議定書》。
1925	12 月 6 日	人民公投通過瑞士憲法有關「老年暨遺存者保險」條款。
1926	9 月 8 日	德國加入「國際聯盟」。
	12 月 5 日	公投拒絕有關小麥壟斷的憲法條款。
1927	6 月 30 日	通過〈聯邦行政法規〉。
	9 月 24 日	瑞士工會聯盟舉行大會,撤銷有關罷工的第十七條款。
1928	5 月 20 日	公投通過憲法第四十四 CF 條外國人歸化為瑞士人的條款及庇護權。
	8 月 27 日	在巴黎簽署〈布里安一凱洛格條約〉。
	10 月 27 日	聯邦國會改選,社會黨增加議席。
	12 月 13 日	畢勒・郭拉茲選上聯邦政府部長。
1929	3 月 28 日	德國、瑞士有關〈萊茵河條約〉的簽署。
	4 月 4 日	瑞士天主教新經濟暨社會綱要。
	10 月 5 日	協助農業法令。
	10 月 24 日	紐約股市崩盤,引發世界經濟危機。
	12 月 12 日	Minger 及 Meyer 選上聯邦政府部長。婦女普選權的訴求。
1930	5 月 17 日	法國外長 Briand 倡議成立「歐洲合眾國」。
	7 月 2 日	「新陣線」成立。
	10 月 20 日	「民族陣線」成立。
	12 月 1 日	瑞士人口普查,計 4,067,394 人。
1931	3 月 19 日	德國與奧地利簽署〈關稅同盟議定書〉。
	3 月 26 日	外國人留居瑞士的新聯邦法,1934 年 1 月 1 日實施。
	12 月	無法滿足五萬零五百七十人的就業申請,引起經濟恐慌。

1932	2月2日	在日內瓦召開裁軍會議。
	6月24日	「瑞士民族政治秩序」及「經濟防衛同盟」在日內瓦合併為「民族同盟」。
	12月2日	聯邦政府行政機構排除共產黨員。
1933	1月30日	希特勒成為「德意志帝國」總理。
	4月7日	制定對外國政治受難者住居瑞士的聯邦法令。
	4月8～9日	瑞士社會黨在比爾舉行黨大會,決議支援自由民主體制。
	5月12日	瑞士聯邦政府禁止平民穿戴軍服、臂章及徽章。
	10月17日	墨索里尼在羅馬召見瑞士法西斯。
	12月21～22日	瑞士國會兩院通過八千二百萬法郎的軍事預算。
1934	3月22日	鮑曼選上瑞士聯邦政府部長。
	6月25日	通過保障瑞士聯邦內部安全聯邦法令。
	9月5日	修改憲法的人民創制。
	9月17日	孟塔在「國際聯盟」演講反對蘇聯加入,但翌日蘇聯成了「國際聯盟」會員國。
	10月6日	墨索里尼在米蘭演講,防衛堤奇諾的義大利特殊性。
	11月8日	通過《銀行暨儲蓄信託聯邦法》。
1935	1月27日	瑞士保守黨支持憲法修正。
	10月2日	義大利軍隊侵入阿比西尼亞。
	10～11月	對義大利實施經濟暨金融的制裁。
1936	1月28日	瑞士國會下院通過 Motta 制裁義大利的政策。1月失業人數高達十二萬四千零八人。
	3月7日	希特勒「德意志帝國」再占據萊茵河畔地區。
	5月3日	法國「人民戰線」贏得大選。
	7月7日	西班牙佛郎哥政變。
	9月26日	瑞士法郎貶值。

1937		瑞士金屬產業勞資協定簽署。
1938		羅曼許語被認定為瑞士第四個國語。
1939~1945		第二次世界大戰瑞士維持中立。
1947		瑞士實施「老年、遺族年金保險」。
1948		瑞士加入「聯合國文教科學組織」。瑞士加入「國際司法庭」。
1959		聯邦公投反對婦女普選權。沃邦郡首先給予婦女選舉權（2月1日），諾夏德（9月27日）及日內瓦（1960年3月6日）兩邦郡通過婦女普選權。瑞士社會民主黨中產生兩位聯邦部長。
1960		瑞士加入「歐洲自由貿易組織」。
1963		瑞士加入「歐洲理事會」。
1968		洛桑理工學院改制為洛桑聯邦理工學院。瑞士學生運動普及。
1969	9月12日	巴塞爾邦郡再圖統一失敗。
1971		瑞士聯邦公投通過婦女普選權。
1972	12月3日	瑞士與歐洲經濟共同體簽署自由貿易協定。
1977	6月12日	公投否決10%的附加值稅法。
1978	5月28日	公投否決《聯邦警察法》的修正。
	9月24日	公投結果朱拉成為瑞士第二十三個邦郡。
1979	2月	公投否決原子能發電。
		嚴厲限制的人民創制。
1980		聖格達汽車隧道開通。
	3月2日	否決由人民創制的政教完全分離的公投。
	5月30日	蘇黎世年輕人暴動，之後「青年反亂」一直持續到1981年6月。
1981	6月	1975年以來失業率最低，同時外勞增加。
1982	6月	公投強化警力。反對改善外籍勞動者的地位。景氣

再衰退。

1983	10 月 23 日	大選，自由民主黨成為瑞士第一大黨，在野黨共三十四議席
1984	10 月 2 日	瑞士國會兩院選出自由民主黨籍的柯普為第一位聯邦女部長。
1986		公民投票否決加入聯合國。
1989	9 月	公民投票否決廢除軍隊。
	12 月 1 日	聯邦首位女司法部長柯普因其夫涉嫌不法活動而辭職。
1990	10 月	國防部長發表「新瑞士的軍備構想」。
1991	3 月 5 日	瑞士公投通過滿十八歲擁有選舉權。
	8 月 1 日	建國七百年慶典。
1992	5 月 17 日	公投贊成加入 Bretton Woods（國際基金會；世界銀行）機構。
	5 月 20 日	瑞士政府通過加入歐洲共同體的申請。
	7 月 31 日	四十八歲的妮戈麗葉 (Claude Nicollier) 是瑞士第一位女太空人，參與 Atlantis (ST–45) 太空梭。
	12 月 6 日	公投反對加入歐洲經濟區域。
1993	1 月	瑞士外籍人口達一百二十一萬（占全國人口 17.6%），有史以來最高。
	3 月 10 日	德蕾福絲成為第二位女性聯邦部長（第一百位瑞士聯邦部長）。
	12 月 2 日	妮戈麗葉第二度入太空梭 Endeavor (STS–61) 操作困難度高的修護太空望遠鏡。
	12 月 6 日	導入附加值稅。
1994	6 月	公投反對加入聯合國維持和平的軍隊。
1996		公民投票決定羅曼許語為第四個官方語言。
1999	3 月 11 日	瑞士國會上、下兩院選出梅姿樂 (Ruth Metzler-

		Arnold) 任司法部長，是瑞士史上最年輕，也是瑞士第三位女性部長。
	4 月 18 日	瑞士公投通過聯邦新憲法。德蕾福絲成為瑞士聯邦第一位女性總統。
2000	5 月 21 日	瑞士公投通過與歐洲聯盟雙邊契約。
2002	3 月 3 日	瑞士公投贊同加入聯合國。
	9 月 10 日	瑞士成為聯合國第一百九十個會員國。

中外名詞對照表

Aachen　阿亨

Aare (Aar) River　阿雷河

Aargau, Canton　阿爾高邦郡

Aarau　阿爾勞

Albert IV　阿爾伯四世

Alemannen　阿勒曼人

Alexandria　亞歷山大里亞

Alpes Graiae　阿爾卑斯格拉依阿厄

Alsace　亞爾撒斯

Amédée VIII　阿美德八世

Appenzell Ausserrhoden　外阿本澤爾（外羅登阿本澤爾）

Appenzell Innerrhoden　內阿本澤爾（內羅登阿本澤爾）

Augst（拉丁文 Colonia Augusta Raurica）　奧古斯特

Augustus, Caesar 奧古斯都

Aurelius, Marcus 奧理略皇帝

Austria　奧地利

Autun　奧丹市

Avenches　阿旺煦

Baden　巴登

Bangor Abbey　班哥爾修道院（愛爾蘭）

Basel　巴塞爾

Basel-Land　巴塞爾鄉區

Basel-Stadt　巴塞爾市區

Basques　巴斯克人

Battle of Kappel　卡佩爾戰役

Battle of Marignano　馬麗釀諾戰役

Battle of Morgarten　莫爾加騰戰役

Bellinzona　貝林卓娜

Benedictine　本篤會

Bern（法文 Berne), Canton　伯恩邦郡

Bernina　伯尼納

Berthold IV, Duke　博特多四世公爵

Bibracte　畢布拉克特

Biel, Lake（法文 Lac de Bienne，德文 Bielersee）　比爾湖

Bodensee　博登湖

Boii　波伊人

Bonjour, Edgar　彭日爾（瑞士史學家）

Euro　歐元

European Commission　歐洲執行委員會

Felipe II　菲立普二世

Feller, Richard　費勒

Fontenoy　豐德諾阿

France　法蘭西

Francia Media　中法蘭西亞

Francia Occidentalis　西法蘭西亞

Francia Orientalis　東法蘭西亞

Francis Joseph I (Franz Josef)　佛蘭茲約瑟夫一世

Fraumünster　女修道院

Freiburg im Breisgau　佛萊堡

Fribourg（德文 Freiburg）, Canton　佛立堡（自由堡）

Friedrich I (Friedrich Barbarossa)　菲德烈一世（菲德烈巴爾巴羅莎）

Friedrich II　菲德烈二世

Friedrich III　菲德烈三世

Friedrich IV, Duke　菲德烈四世公爵

Friuli　佛琉里

Galatians　噶拉特人

Gallo-Lombardia　高盧・倫巴底

Gauls　高盧人

Genève, Canton　日內瓦

Genoa　熱內亞

Genua　熱奴阿

Gessler　葛斯勒

Glarus, Canton　格拉盧斯邦郡

Grand Saint Bernard　大聖伯納

Graubünden, Canton　格勞實登邦郡

Great Interregnum　大空檔時代

Grossmünster　蘇黎世大主教堂

Habsburg(Habichtsburg)　哈布斯堡

Heinrich VI　亨利六世

Helvetia　賀維夏

Helvetii（法文 Helvètes）　賀維夏人

Hisely, J.-J.　伊茲禮

Hochdeutsch (Schriftdeutsch)　標準德語（書寫德語文）

Imperial charter　契據

Julier　游立葉

Jura, Canton　朱拉邦郡

Jutland　尤特蘭

Kopp, Joseph Eutych　柯布

Kyburg　基堡

Lausanne（拉丁文 Leusonna）　洛桑

Léman (Lac Genève), Lac　雷夢湖（又稱日內瓦湖）

Lenzbourg　連茲堡

Leventina　勒文提那

Limburg im Breisgau　黑森林

Limmat River　林馬特河

Saint-Maurice d'Agaune　阿高納的聖模里斯修道院

Saitô, Tetsutarô　齊藤鐵太郎

Salinas, Jean　薩理納斯

Sankt Gallen, Canton　聖加崙

Saône　松河

Sarine, River (Saane)　沙林河

Savoie　薩瓦

Schaffhausen, Canton　夏佛豪森

Schiller, Friedrich von　席勒

Schuwyz, Canton（法文 Schwytz）舒維茲邦郡

Schwaben　舒瓦本

Schwzerdütsch (Schweyzerdeutsch)　瑞士德語

Siegfried, André　濟格飛

Simplon　辛普倫

Sion　錫翁

Solothurn, Canton　索羅頓邦郡

Sonderbund　分離同盟

Splügen　斯布旅根

St. Gotthard　聖格達

Staufer Dynasty　施陶菲王朝

Strasbourg　史特拉斯堡

Suisse alémanique　德語系阿勒曼瑞士

Suisse romande　羅蒙瑞士

Swiss Frank　瑞士法郎

Switzerland (Swiss, Suisse)　瑞士

Swabia　斯瓦比亞

Tellforschung　威廉特爾研究

Teutonic tribes（法文 Teutons）條頓族

Tiberius, Julius Caesar Augustus　蒂北流斯

Ticino, Canton　堤奇諾邦郡

Tolbiac　托比阿克

Treaty of Verdun　威爾當條約

Thurgau, Canton　圖爾高

Tschudi, Aegidus　朱迪

Tyrol　堤洛爾

Uri, Canton　烏里邦郡

Valais, Canton　瓦雷邦郡

Vaud, Canton　沃邦郡

Vercingétorix　維散杰多立克斯

Vespasian　維斯帕錫安

Aargau　阿拉高

Visconti　維斯孔帝

Visigoths　西哥德

Vorarlberg (Austria)　前阿爾柏

Waldstätten (Four Forest Cantons)　森林邦郡

Walen, Lake　瓦倫湖

Wells, Orson　奧森威爾斯

Westphalia, Treaty of　西伐里亞條約

參考書目

Auer, Andreas/Malinverni, Gioergio/Hottelier, Michel (2000), *Droit constitutionnel suisse, Volume I, L'Etat et Volume II, Les droits fondamentaux*, Berne: Staempfli Editions.

Baudoin, Jean-Louis and Masse, Claude (1973), *Etude comparative et évolutive des droits linguistiques en Belgique et en Suisse*, Québec: L'Editeur officiel du Québec.

Blankart, Franz A. (1987), "Considérations sur la politique europénne de la Suisse" in: *Cadmos*, No. 38, pp. 22–38.

Bonjour, Edgar (1962), *Geschichtsscreibung der Schweiz, vom Spätmittleater zur Neuzeit*, Volume I und II, Basel.

Bower, Tom (1997), *L'or nazi Les banques suisses et les Juifs, traduit de l'anglais par Marie Demoncel*, Paris: Plon. 英文原著 Blood Money, *The Swiss, the Nazis and the Looted Billions*, London: Macmillan.

Brodmann, Roman (1979), *Jean Ziegler, der Un-Scheweizer*, Darmstadt: Verlag Luchterhand.

Butler, David and Ranney, Austin (Editors), *Referendums: A Comparative Study of Practice and Theory*, Washington, D.C.: American Enterprise Institute, 1978.

Dessemontet, François (1984), *Le droit des langues en Suisse*, Québec: L'Editeur officiel du Québec.

Duplain, Georges (1964), *La Suisse en 365 Anniversaires*, Bienne: Editions du Panorama.

Duroselle, Jean-Baptiste (1990), *L'Europe: Histoire de ses peuples*, Paris:

Hachette.

Enz, Rudolf (1991), *Preise und Loehne rund um die Wett*, Zurich: Union Bank of Switzerland, August.

Fasel, Edgar (1984), *Faut-il brûler la Suisse? Avec une préface de Gabriel Veraldi*, Paris: Julliard/L'Age d'homme.

Flueeler, Niklaus and Gefeller-Corhesy, Roland (1975), *Die Schweiz*, Zurich:Ex Libris Verlag.

Gabriel, Jürg Martin (1990), *Das politische System der Schweiz*, Bern und Stuttgart: Haupt, 1990.

Godet, Marcel (1940), *Dernières nouvelles d'il y a cent ans. La Suisse et l'Europe en 1840*, Neuchâtel.

Grounauer, Marie-Madeleine (1977), *L'Affaire Ziegler. Le procès d'un héré-tique*, Genève: Ed. Grounauer.

Gruner, Schaller Kleinewerfers, *Des professeurs répondent à Jean Ziegler*, Société pour le développement de l'économie.

Harouel Véronique, (1999), *Histoire de la Croix-Rouge,* Paris: PUF, Que sais-je (No. 831).

Hürlimann, Martin (1945), *Grands hommes de la Suisse*, Zurich: Editions Atlantis et Lausanne, Librairie Payot.

Im Hof, Ulrich, *Geschichte der Schweiz*, Verlang W. Kohlhammer, 1996.

Jost, Hans Ulrich (1983), Menace et repliement, 1914~1945, In: *Nouvelle Histoire de la Suisse et des Suisses*, Tome III, Lausanne: Editions Payot, pp. 91−178, McGill 大學 DQ54 N67 1982 T3.

Kobach, Kris W. (1992), *Direct Democracy in Switzerland. The Impact of the Referendum upon Political Institutions and Behaviour*, D. Phil. Dissertation, Trinity, Oxford University.

Kobach, Kris W., *The Referendum: Direct Democracy in Switzerland*, Alder-shot, Brookfield USA, Dartmouth Publishing Company, 1993.

Lasserre, Victor (1977), *Une Suisse insoupçonnée*, Editions Buchet-Chastel.

Lewis, Flora (1987), *Europe. A Tapestry of Nations*, New York: Simon and Schuster, Inc.

Linder, Wolf (1998), *Swiss Democracy: Possible Solution to Conflict in Multicultural Societies*, 2nd Edition, London: Macmillan Press, Ltd..

Luck, James Murray, *A History of Switzerland: The First 100,000 Years: Before the Beginnings to the Days of the Present*, Palo Alto, California: The Society for the Promotion of Science and Scholarship, Inc., 1985.

McPhee, John (1983), *La Place de la Concorde Suisse*, New York: Farrar Strauss Giroux.

McRae, Kenneth D., *Switzerland: Example of Cultural Coexistence* Toronto: The Canadian Institute of International Affairs, 1968.

McRae, Kenneth D. (1983), *Conflict and Compromise in Multilingual Societies: Switzerland*, Waterloo: Canada, Wilfrid Laurier University Press.

Melich, Anna (1991), "Identité suisse" In: *Les valeurs des Suisses, sous la direction d'Anna Melich*, Bern: Peter Lang.

New, Mitya (1997), *Switzerland Unwrapped. Exposing the Myths*, London: L.B. Tauris Publishers.

Nordmann, Roger et Keller, Paul (1972), *La Suisse, notre aventure. De la pénurie à la prospérité*, Lausanne: Editions Payot.

Rougemont, Denis de (1965), *La Suisse ou l'Histoire d'un peuple heureux*, Paris: Hachette.

Siegfried, André, *La Suisse: Démocratie-Témoin*, Neuchâtel, Edition de la Baconnière, 1956, 3e édition.

Steiner, Jürg, *Amicable Agreement Versus Majority Rule: Conflict Resolution in Switzerland*, Chapel Hill, The University of North Carolina Press, Revised and Enlarged Edition, 1974.

Stucki, Lorenz (1971), *The Secret Empire: The Success Story of Switzerland*,

New York: Herder and Herder. 德文原著 *Das heimliche Imperium: Wie die Schweiz reich wurde*, Bern: Scherz Verlag, 1968.

Vincent, Isabel (1997), *Hitler's Silent Partners, Swiss Banks, Nazi Gold and the Pursuit of Justice*, Toronto: Alfred A. Knopf Canada.

Ziegler, Jean (1976), *Une Suisse au-dessus de tout soupçon*, Paris: Editions du Seuil.

Ziegler, Jean (1990), *La Suisse lave plus blanc*, Paris: Editions du Seuil.

Ziegler, Jean (1997), *La Suisse, l'or et les morts*, Paris: Editions du Seuil. 德文原著 *Die Schweiz, das Gold und die Toten*, Munich: C. Bertelsmann Verlag.

圖片出處：5: TopFoto.co.uk; 8: Vanni Archive/CORBIS; 9, 12, 24, 28, 30, 31, 32: Getty Images; 11: Richard T. Nowitz/CORBIS; 20: Paul Almasy/CORBIS; 22, 39: Dreamstime; 25: Collection Roger-Viollet; 27, 33: Reuters; 29: C.Roux/Travel-Images.com; 34, 35: AFT; 37: AP Photo; 40: John Arnold Images/Alamy.